CB130293

O Anticristo:

Mito ou profecia?

Conheça nosso site

MICHELE
DOLZ
E
PAULO
FRANCIULLI

O Anticristo:

Mito ou profecia?

3ª edição

QUADRANTE

Capa
Gabriela Haeitmann

Dados Internacionais de Catalogação na Publicação (CIP)

Dolz, Michelle / Franciulli, Paulo
O anticristo: mito ou profecia? / Michelle Dolz e Paulo Franciulli — 3ª ed. — São Paulo: Quadrante, 2025.

ISBN: 978-85-7465-917-6

1. Demonologia 2. Diabo 3. Fé 4. Vida cristã I. Título

CDD-235.4

Índice para catálogo sistemático:
1. Diabo : Teologia dogmática cristã 235.4

QUADRANTE EDITORA
Rua Bernardo da Veiga, 47 - Tel.: 3873-2270
CEP 01252-020 - São Paulo - SP
www.quadrante.com.br / atendimento@quadrante.com.br

SUMÁRIO

A FIGURA DO ANTICRISTO

UM AFRESCO

Em 1504, Luca Signorelli concluía os afrescos da capela de San Brizio, na catedral de Orvieto. Neles representava, em sete grandes cenas, o fim do mundo. Uma delas, a da atuação do Anticristo, talvez não seja a melhor do conjunto, mas é a mais conhecida.

O ponto central da composição é a figura de um pregador (1). Tem um aspecto semelhante ao de muitas imagens de Cristo, mas o seu rosto, belo e no entanto carente de bondade, está obscurecido por uma trágica ambiguidade: presta ouvidos a Satanás, que se encontra às suas costas e lhe sussurra alguma coisa ao ouvido (2). Quase temos a impressão de ouvir o sibilar da sua voz.

Com a mão direita, o Anticristo aponta para si mesmo. Aliás, toda a cena gira em torno dele.

9
6
5
3

8
1
4
2

De ambos os lados, uma multidão dividida em diversos grupos reflete sobre as suas palavras e as discute, depois de ter depositado aos pés do pregador as suas riquezas. Há de tudo ali: jovens galhardos e arrogantes ao lado de velhos barbudos, monges e frades, ricos aparatosos e gente pobre e descalça, mulheres de todas as classes — como aquela que, no primeiro plano, recebe de um comerciante o pagamento do seu pecado (3). Logo atrás, os teólogos contendem com as Escrituras na mão (4). E no canto esquerdo, dois "doutores da lei" de vestes negras supervisionam o trabalho de um carrasco que suplicia os opositores da nova doutrina (5).

No plano de fundo, vemos desenvolver e consumar-se o drama do Anticristo. No centro, realizam-se milagres de sabor evangélico, como a cura de um doente (6) e algo que parece representar uma pseudoeucaristia (7). À direita, soldados vestidos de negro invadem o santuário, para entregar os justos ao linchamento pela multidão mesmo diante dos seus pórticos (8).

Por fim, à esquerda, um anjo de Deus — talvez São Miguel — lança do alto um personagem de belas vestes, lembrando as palavras do Apocalipse: *Foi expulso o dragão grande, a antiga serpente, chamada Diabo e Satanás, que seduz o mundo todo, e foi precipitado sobre a terra* (Ap 12, 9), e fulmina no mesmo gesto os seguidores do sinistro pregador (9).

Signorelli representa com mestria o que a tradição cristã afirma sobre o Anticristo desde a era apostólica. Já a literatura mais antiga oferecia um quadro bem definido de quem seria e do que faria esse personagem: abalaria e desviaria os fiéis, suplantando aparentemente o Messias; por um breve momento, pareceria ter a vitória, mas o triunfo definitivo de Cristo, no final dos tempos, acabaria por desmascará-lo.

Vejamos o que diz a este respeito um trecho da *Didaquê*, o primeiro "catecismo" da história cristã, composto no entardecer do século I, que gozava de grande prestígio entre as antigas gerações cristãs: "Nos últimos dias, multiplicar-se-ão os falsos profetas e os corruptores, as ovelhas transformar-se-ão em lobos e a caridade transformar-se-á em ódio; até que, com o crescimento da iniquidade, odiar-se-ão, perseguir-se-ão e entregar-se-ão uns aos outros, e então o sedutor do mundo aparecerá como filho de Deus e fará milagres e prodígios, e a terra se-rá abandonada às suas mãos; e realizará iniquidades como nunca houve. Naquela hora, a estirpe dos homens andará através do fogo da provação, e muitos se escandalizarão e perecerão; mas aqueles que perseverarem na fé serão salvos desse juízo de maldições. E então aparecerão os sinais da verdade [...]. Naquela hora, o mundo verá o Senhor vir sobre as nuvens do céu".[1]

Santo Hipólito, que viveu entre fins do século II e começos do III, descreve o Anticristo como um personagem que assume as aparências de Cristo e a Ele se opõe como uma imagem especular: "Uma vez que o nosso Senhor e Salvador Jesus Cristo, o Filho de Deus, pelo seu caráter régio e glorioso, foi anuciado como um leão (cf. Gn 49, 9), do mesmo modo as Escrituras proclamam por antecipado que o Anticristo será semelhante a um leão, mas pelo seu caráter tirânico e violento. Com efeito, o sedutor quer assemelhar-se em tudo ao Filho de Deus: Leão o Cristo, leão o Anticristo; Rei o Cristo, rei terreno o Anticristo. O Salvador foi mostrado como um cordeiro, e aquele, do mesmo modo, aparecerá como um cordeiro, quando na verdade, por dentro, será um lobo. [...] O Mestre enviou os Apóstolos a todas as gentes, e aquele, da mesma forma, enviará falsos apóstolos".[2]

UM RETRATO LITERÁRIO

Desde o alvorecer da literatura cristã, esse inquietante personagem ergue-se, pois, no horizonte para assinalar tristemente o fim. O escritor russo Vladimir Soloviev evoca-o com força no seu célebre *Breve relato sobre o Anticristo,* de 1900.

O autor imagina que, no século XXI, a paz universal será uma realidade, mas que um difuso materialismo se terá apoderado das consciências e da cultura. Os que aceitam as realidades espirituais serão apenas uma reduzida minoria, e os cristãos ainda menos. Dentre estes, porém, surgirá um homem dotado de qualidades excepcionais: "A sua viva inteligência sempre lhe havia mostrado a verdade dAquele em quem se deve crer: o bem, Deus, o Messias. E Ele cria em tudo isso, mas só se amava a si mesmo".

As publicações desse homem, continua Soloviev, terão grande sucesso. A que se intitula *A via aberta para a paz e a prosperidade universal*, em particular, escancarar-lhe-á todas as portas. A sua personalidade superior levá-lo-á a galgar sucessivamente todos os cargos, até vir a ser coroado imperador do mundo. Encarnará o *homem do futuro*, emancipado e, no fundo, apóstata; e não tardará a perceber que é guiado no íntimo por uma voz diabólica: "Meu filho amado, em ti depositei todo o meu afeto. Por que não recorreste a mim? Por que honraste o Outro, o Malvado, e aquele seu Pai?" (lembremo-nos de que o demônio inverte todo os valores, pois é *pai da mentira*, como se diz em Jo 8, 44). "*Eu* sou o teu deus e o teu pai! Aquele Mendigo, o Crucificado, é um estranho para mim e para ti. Não tenho outros filhos além de ti. Tu és o único, o unigênito, igual a mim. Eu te amo e nada exijo de ti [...]. O Outro, Aquele a quem tinhas por Deus, exigiu do seu Filho obediência, e uma obediência ilimitada, até a morte de cruz, e mesmo quando estava na cruz não o socorreu. Eu não exijo nada de ti, e ajudar-te-ei em tudo. Recebe o meu espírito".

O personagem de Soloviev é descrito sempre como um homem bom, bem intencionado, filantropo e tolerante. Assim parece, ao menos; até que a sucessão dos episódios conduz o leitor ao drama da apostasia no seio do último concílio ecumênico, convocado pelo imperador, e, por fim, ao advento glorioso de Cristo.

Não é mais do que um conto tecido em torno dessa figura da tradição. Mas em que se apoia essa tradição? Poderemos considerá-la apenas um mito, como fazem alguns autores modernos? Ou existirá fundamento bíblico suficiente para ela? E, neste caso, poderemos interpretar a Escritura de maneira unívoca?

Vê-lo-emos a seguir. Mas é preciso dizer, a título de premissa, que a luta entre o bem e o mal, a graça e o pecado, a verdade e o erro, a salvação e a condenação, pertence ao próprio cerne do cristianismo. Cristo veio salvar-nos da escravidão do pecado e do poder do demônio. Redimiu-nos e deu-nos uma nova vida, sobrenatural, de filhos de Deus. Mas isso não eliminou os princípios de oposição a Ele, que estão presentes em cada um de nós e na realidade que nos cerca.

Veio para o que era seu, mas os seus não o receberam (Jo 1, 11): a frase tem aplicação universal, mesmo que São João, ao escrever o prólogo do seu Evangelho, tivesse presente sobretudo os contemporâneos de Jesus. Desde que, no livro do Gênesis, Deus disse à serpente: *Porei inimizade entre ti e a mulher, entre a tua descendência e a dela. Ela te ferirá a cabeça, e tu lhe ferirás o calcanhar* (Gn 3, 15), está proclamada a conflagração contra o Messias e os seus fiéis promovida por Satanás e seus sequazes.

O TESTEMUNHO DO ANTIGO TESTAMENTO

Quando São João escreve a respeito do Anticristo, pressupõe que é figura bem conhecida da primeira geração dos cristãos: *Como ouvistes, está para chegar o Anticristo* (1 Jo 2, 18). João é o único autor das Sagradas Escrituras a usar esse termo. No entanto, o tema da "grande apostasia" e da derrota final do maligno é tratado com frequência na época apostólica e na primeira época patrística (séc. II a VI), e mergulha as suas raízes no Antigo Testamento.

O livro de Daniel, escrito provavelmente no século II antes de Cristo, talvez possa ser considerado um precursor do gênero apocalíptico. Esse Profeta, nas visões que dizem respeito ao *Tempo da cólera* ou *Tempo do fim* (caps. 10-12), anuncia a chegada de um inimigo "vil", "sem nenhuma dignidade real", intriguista e dominador, que se proclamará "deus": *O rei agirá a seu bel-prazer, exaltando-se e engrandecendo-se acima de todos os deuses. Proferirá coisas inauditas contra o Deus dos deuses, e no entanto prosperará até que a cólera divina tenha chegado ao seu cúmulo, porque o que está decretado se cumprirá* (Dn 11, 36). Profetiza também um tempo de grande angústia (Dn 12, 1), seguido da ruína final do perseguidor (Dn 11, 45) e do reino dos Santos, que se estenderá a todos os povos (Dn 7, 14-18), reino de um *Filho do homem* a quem *foi dado todo o poder* (Dn 7, 13-14).

Muitos exegetas julgam que essas palavras dizem respeito ao rei selêucida Antíoco IV *Epifanes* ("manifestação da divindade")*, que governou de 175 a 164 a.C. e oprimiu e perseguiu os hebreus. Exasperado pela resistência dos que não queriam aceitar a cultura helênica, Antíoco mandou martirizar muitos; e, ao ver que nada conseguia, fez espoliar e profanar o Templo de Jerusalém, dedicando-o a Zeus Olímpico e transformando-o num centro de prostituição religiosa, de acordo com os costumes dos gregos.

Conforme narra o autor anônimo do segundo livro dos Macabeus, o rei helenista morreu durante uma expedição punitiva em que se propunha arrasar a cidade de Jerusalém: *Do corpo desse ímpio começaram a pulular os vermes. E, estando ele ainda vivo, as carnes se lhe caíam aos pedaços entre espasmos lancinantes, enquanto o exército inteiro, por causa do odor fétido, mal suportava essa podridão* (2 Mac 9, 9).

* Os selêucidas foram os descendentes de Seleuco, um dos generais de Alexandre Magno, a quem coube em partilha a "Ásia" — que ia do Mediterrâneo até a Índia — por ocasião da morte do conquistador macedônio. Promoveram a helenização dos países submetidos.

MÚLTIPLOS NÍVEIS DE LEITURA

Ora, os textos proféticos e apocalípticos inspirados não dizem respeito apenas a acontecimentos históricos concretos e passageiros. Pelo contrário, caracterizam-se pelo que poderíamos chamar *múltiplos níveis de leitura:* fala-se neles do presente e do futuro; anunciam-se os eventos que virão a acontecer e alude-se ao final dos tempos, mas também se estabelece uma interpretação do significado da História como um todo, através de uma "tipologia" dos protagonistas e dos acontecimentos. Em suma, de uma determinada relação entre Deus e os homens extrai-se o "módulo histórico", e esse módulo é aplicado tanto aos tempos passados como ao porvir, numa autêntica "teologia da História".

Assim, se Daniel profetizou o advento de Antíoco IV e a perseguição que os hebreus sofreram no século II a.C., as suas palavras podem aplicar-se também:

- à destruição de Jerusalém no ano 70 d.C., que representou o "fim do mundo hebraico" e a caducidade da Antiga Aliança de Deus com os homens;

- ao ódio que se ergueu contra Cristo durante a sua vida terrena, na *plenitude dos tempos* (Gl 4, 4), cume e padrão definitivo da História;
- às perseguições contra a Igreja, que é o Corpo místico de Cristo, ao longo dos *últimos tempos* (cf. 2 Tm 3, 1; 2 Pd 3, 3 etc.), nos quais está em vigor a Nova Aliança;
- e, por fim, à consumação da História humana nos acontecimentos do fim dos tempos.

Ainda seria preciso acrescentar a essas quatro leituras uma quinta, que poderíamos designar propriamente por *espiritual:* enquanto aquelas dizem respeito ao grande drama da Redenção na medida em que afeta o conjunto da humanidade, esta quinta refere-se à parcela desse drama que se encena no íntimo de cada um de nós. Quando um cristão peca, diz o autor da Epístola aos Hebreus, *torna a crucificar o Filho de Deus* (cf. Hb 6, 6), faz-se inimigo e perseguidor de

Cristo. Cada um de nós traz no coração esse "inimigo vil" que, em nome do amor-próprio, se ergue contra Deus Espírito Santo instalado no santuário secreto da alma, e no seu lugar entroniza o próprio "eu".

Ora bem, Deus não "escreve" a História apenas com tinta sobre papel, mas sobretudo através de pessoas e acontecimentos concretos, que por sua vez devemos "ler" também de acordo com os "múltiplos níveis" que acabamos de mencionar. Os Padres da Igreja viram em diversas personalidades do Antigo Testamento — como Moisés, o Legislador do Povo Eleito; Josué, que o guiou ao entrar na Terra Prometida; Davi, o rei por antonomásia... — por assim dizer "profecias vivas" de Cristo, figuras ou *tipos* que prenunciavam algumas das facetas do verdadeiro Salvador. Da mesma forma, é provável que possamos ver em Antíoco um *tipo* do Anticristo.

Se for assim, que ensinamentos acerca do Anticristo podemos tirar desse personagem? Sem pretender estabelecer uma lista exclusiva ou completa, observamos as seguintes características:

- trata-se de um homem de carne e osso; de forma alguma é uma espécie de "híbrido satânico", tal como é apresentado por algumas obras de ficção delirantes, como *O bebê de Rosemary*. Por isso mesmo, não pode ser literalmente uma "encarnação do diabo" como Cristo o é do Verbo de Deus, mas apenas poderia sê-lo figurativamente, por metáfora;
- o seu orgulho, esse sim o pecado satânico por excelência, leva-o a erguer-se contra Deus e a pretender "pôr-se no lugar de Deus"; em consequência, opõe-se às realidades criadas por Ele e especialmente ao seu Povo, objeto da predileção divina;
- esta oposição vem disfarçada sob as cores de uma "nova doutrina superior, libertadora ou civilizadora": no caso de Antíoco, o helenismo, o modo de vida grego.

Começa assim a delinear-se a chave de que precisamos para compreender os textos do Novo Testamento que tratam do Anticristo. Passemos a eles.

O "PEQUENO APOCALIPSE"

Examinemos em primeiro lugar o discurso de Cristo conhecido como "o pequeno apocalipse sinótico", apresentado pelos evangelistas Mateus e Lucas com ligeiras variantes. O Senhor não faz referência direta ao Anticristo, mas apresenta, por assim dizer, um "panorama geral" da História e da sua consumação a que teremos de voltar diversas vezes no decorrer destas páginas. Vejamos o texto de Lucas:

> *Olhai que não vos deixeis enganar, porque muitos virão em meu nome, dizendo: Sou eu, e: O tempo está próximo. Não os sigais. Quando ouvirdes falar de guerras e de revoltas, não vos aterreis; porque é preciso que sucedam estas coisas primeiro, mas não virá logo o fim.* [...]
>
> *Quando virdes Jerusalém cercada pelos exércitos, entendei que se aproxima a sua desolação. Então, os que estiverem na Judeia fujam para os montes; os que estiverem no meio da cidade retirem-se; quem estiver nos campos não entre nela, porque dias de vingança serão esses, para que se cumpra tudo o que está escrito. Então, ai das grávidas e das que estiverem amamentando*

> *naqueles dias! Porque virá uma grande calamidade sobre a terra e grande cólera contra este povo. Cairão ao fio da espada e serão levados cativos entre todas as nações, e Jerusalém será calcada pelos gentios até que se completem os tempos das nações.*
>
> *Haverá sinais no sol, e na lua, e nas estrelas, e na terra perturbações das nações, aterradas pelos bramidos do mar e das ondas, desmaiando os homens pelo terror e pela ânsia do que vem sobre a terra, pois as potências dos céus se abalarão. Então verão o Filho do homem vir sobre uma nuvem com grande poder e majestade.* [...]
>
> *Quando estas coisas começarem a suceder, cobrai ânimo e levantai as vossas cabeças, porque se aproxima a vossa redenção"* (Lc 21, 8-33).

Se lermos estas palavras em função dos "múltiplos níveis de leitura" que mencionamos, veremos que o Senhor parece transitar livremente entre eles: ora fala do fim do antigo Israel, ora das perseguições à Igreja, ora do fim dos tempos. Vejamos como se cumpriu a profecia referente a Jerusalém.

No ano de 66, a Cidade Santa levantou-se contra o corrupto procurador romano Géssio

Floro, e em breve a revolta estendeu-se a toda a Judeia. O experimentado general Vespasiano recebeu de Nero o comando da expedição punitiva, e em três anos esmagou uma após outra as fortalezas da Galileia, da Samaria e da Pereia com o rolo compressor das legiões, até envolver Jerusalém num garrote asfixiante. Em 69, porém, foi proclamado imperador e dirigiu-se para Roma, deixando o comando da expedição ao seu filho Tito.

Tito pôs cerco a Jerusalém em março do ano 70. Não há dúvida de que os quatro meses que se seguiram foram dias de *grande calamidade sobre a terra e grande cólera contra este povo.* Na cidade sitiada, não demoraram a declarar-se a fome e a peste. Os que tentavam escapar eram crucificados, e os romanos ergueram tamanha quantidade de cruzes que chegou a faltar lenha em toda a região. Os que se rendiam na esperança de serem poupados tinham as vísceras arrancadas pelos soldados, à procura de moedas de ouro que porventura tivessem engolido.

A profecia cumpriu-se até nos detalhes mais dolorosos: *Ai das grávidas e das que estiverem amamentando naqueles dias!* Tão terrível foi a fome, que os zelotes encontraram "Maria de Eleazar, notável pelo seu nascimento e riquezas", devorando o próprio filho. O pagão Tito, horrorizado, "declarou-se inocente dessa infâmia perante Deus" e jurou que "teria o cuidado de sepultar sob destroços o ímpio crime [...], não permitindo que o sol visse sobre a face da terra uma cidade em que as mulheres tomavam tal alimento".

Segundo o historiador judeu Flávio Josefo, testemunha ocular dos acontecimentos, que servia de tradutor a Tito, o general exortou diversas vezes à rendição o chefe da resistência, João de Giscala, que se entrincheirara com os seus zelotes no Templo: "Se ele estava tomado por uma criminosa mania de combater, podia sair para fora dos muros com quem quisesse e dar batalha, sem envolver na sua ruína a cidade e o Templo. Por isso, deixasse de profanar o santuário e ofender a Deus". Até o fim, Tito procurou poupar o Santuário, assestando as máquinas de guerra contra outros pontos das muralhas. Por fim, no dia 6 de agosto do ano 70, ordenou a invasão, embora ainda tivesse mandado que os soldados não usassem o fogo, mas apenas a espada. No momento do entrechoque final, porém, um soldado — "impelido por Deus", diz Josefo — lançou um tição ardente no recinto do Santo dos Santos. Assim "o Templo foi destruído pelas chamas, contra a vontade de César".

Aos sacerdotes que agora se rendiam e pediam clemência, Tito, enfurecido, "respondeu que para eles já passara o tempo do perdão, que já se transformava em cinzas a única coisa pela qual teria sentido salvá-los, que enfim convinha aos sacerdotes perecerem junto com o seu templo, e deu portanto ordem de levá-los à morte". Extinguia-se o sacerdócio de Israel. E em breve se extinguiria também a realeza, pois "após a queda de Jerusalém, o imperador Vespasiano fez procurar e matar todos os descendentes da tribo de Davi, para que não mais restasse ninguém da estirpe real".

O imperador Adriano, depois de esmagar uma segunda tentativa de revolta dos judeus no século II, liderada pelo pseudomessias Bar Cocheba, mudou o nome de Jerusalém para *Aelia*

Capitolina,e sobre a esplanada do Templo fez erguer estátuas aos deuses pagãos. Assim desapareceu o antigo Israel, privado do sacerdócio, da realeza, da Cidade Santa, do Templo e dos sacrifícios da Antiga Aliança.

Quanto aos cristãos que residiam em Jerusalém, não deixaram de tomar boa nota das palavras de Cristo: *os que estiverem na Judeia fujam para os montes*. Quando se preparava o cerco, saíram da cidade sob a direção do seu bispo Simeão, filho de Cléofas, e dirigiram-se para as colinas da Transjordânia, escapando desse modo à ruína.

UM CONVITE À ESPERANÇA

Embora seja arriscado tentar uma interpretação excessivamente delimitada das profecias, talvez possamos extrair, em consonância com as melhores exegeses bíblicas, algumas diretrizes gerais do discurso de Cristo e dessa "profecia viva" que foi a destruição da Cidade Santa:

- De alguma forma, o fim de Jerusalém tipifica — representa simbolicamente — o "assédio" movido pelos inimigos de Cristo contra Ele mesmo na sua vida mortal e igualmente contra a Igreja, de forma parcial no desenrolar da sua história e com toda a força no fim dos tempos.
- Durante algum tempo, o inimigo dará a impressão de triunfar, e o seu triunfo se revestirá de grande crueza. Assim, ao pender da Cruz, no meio de atrozes sofrimentos, Cristo pareceu derrotado por esses "anticristos" que foram os fariseus e sacerdotes do seu tempo; e também a Igreja em certa medida "pende da Cruz" em todas as épocas, pelas perseguições de que é objeto.
- A aparente derrota de Cristo, no entanto, é transitória: o Senhor ressuscitou, e também a Igreja ressuscitou mil vezes da agonia que lhe infligiram os seus inimigos declarados e larvados, opositores externos e filhos traidores. Mais ainda, essa derrota é *instrumento da vitória*: por meio

dela realiza-se a Redenção, a libertação do pecado e o acesso à vida eterna. *Pela vossa paciência salvareis as vossas almas* (Lc 21, 19).

- O Senhor não marca data para os acontecimentos do fim, antes previne claramente contra todos os que pretendam fazê-lo: *Quando ouvirdes falar de guerras e de revoltas, não vos aterreis; porque é preciso que sucedam estas coisas primeiro, mas não virá logo o fim.* Além disso, ao contrário do que afirma certa crítica, para a qual o Mestre foi um "alucinado" que esperava a qualquer momento o dia do Juízo, não o considera nem mesmo próximo: *não virá logo o fim.*
- Quanto ao personagem que nos interessa, o Senhor parece aludir a ele quando fala dos *muitos que virão em seu nome, dizendo "Sou eu", e: "O tempo está próximo".* O Anticristo (ou os anticristos, conforme sugere o texto) tem, portanto, o caráter de um "falso profeta" que se apresenta como Messias, talvez até em nome de Cristo. O Mestre adverte-nos explicitamente: *Olhai*

> *que não vos deixeis enganar... Não os sigais.* O que é o mesmo que dizer que o cristão tem a gravíssima responsabilidade de dar ouvidos aos legítimos pastores instituídos pelo Senhor, e somente a eles: o Papa e os bispos em comunhão com ele.

É preciso acrescentar ainda que os acontecimentos sombrios que o Senhor menciona não representam, de forma alguma, um convite ao desespero. Chegam a parecer paradoxais as suas palavras quando termina de descrever essas desgraças: "*Quando estas coisas começarem a suceder, cobrai ânimo e levantai as vossas cabeças, porque se aproxima a vossa redenção*". Ressoa nelas um convite quase despropositado à esperança: ao tempo em que a antiga ordem das coisas terminava em fumo e sangue, já a Igreja, depositária da Nova Aliança, crescia em silêncio e, sob a guia infalível da sua Cabeça, preparava-se para "dominar" o mundo não pela guerra, mas pela paz. Percebemos aqui algo a que talvez possamos chamar "a estrutura íntima dos apocalipses", e que voltou e voltará a repetir-se em todas as perseguições e heresias que venham a erguer-se contra a Igreja: à Cruz, segue-se a Ressurreição; sob a aparência de um desmoronamento geral, prepara-se a renovação. *O que era velho passou; eis que tudo se fez novo,* exclama São Paulo (2 Cor 5, 17).

Por outro lado, o aspecto terrível de que se reveste o cumprimento dessas profecias, na verdade duríssimas, indica-nos sem paliativos que é preciso tomar absolutamente a sério os ensinamentos do Senhor: *"Em verdade vos digo: 'Não passará esta geração antes que tudo suceda. O céu e a terra passarão, mas as minhas palavras não passarão'"* (Lc 21, 33). As palavras de Cristo têm a dureza, a firmeza e o peso da *rocha* (cf. Mt 7, 25), e não podemos permitir-nos o luxo de tomá-las levianamente. Não se pode brincar com a fé. Em torno da Igreja, depositária dessa fé, trava-se até o fim dos tempos um combate em que o cristão tem a certeza de vencer, mas que exige dele um esforço denodado de luta permanente.

Este esforço pessoal por encarnar em plenitude os ensinamentos de Cristo é de certa forma a lição que Ele mesmo extrai do seu discurso profético. Com efeito, são estas as suas palavras finais: *Estai atentos, para que não suceda que se embotem os vossos corações pela crápula, pela embriaguez e pelas preocupações da vida, e de repente venha sobre vós aquele dia como um laço; porque ele virá sobre os habitantes da terra. Vigiai, pois, em todo o tempo e orai, para que possais evitar tudo o que há de vir e comparecer perante o Filho do Homem* (Lc 21, 29-36).

O HOMEM DA INIQUIDADE E A BARREIRA DA DOUTRINA

Passemos agora aos textos do Novo Testamento em que se menciona explicitamente o Anticristo. Na segunda Epístola aos Tessalonicenses, São Paulo diz: *Pelo que se refere à parusia de nosso Senhor Jesus Cristo e à nossa reunião com Ele, nós vos rogamos, irmãos, que não vos perturbeis levianamente, perdendo o bom senso, e que não vos deixeis alarmar nem por alguma pretensa revelação, nem por qualquer discurso, nem por alguma carta, que vos afirmassem estar iminente o dia do Senhor. Que ninguém, de modo algum, vos engane, porque antes há de vir a apostasia e deve manifestar-se o homem da iniquidade, o filho da perdição, o adversário que "se levanta contra tudo o que se diz Deus" ou culto religioso, até "sentar-se no templo de Deus", apresentando-se a si mesmo como se fosse Deus.*

Não vos lembrais de que, estando entre vós, já vos dizia estas coisas? Agora sabeis o que é que o detém, de modo que só se manifestará a seu tempo. Porque já está em ação o mistério da iniquidade, e só falta que aquele que o retém seja afastado. Então se manifestará o iníquo, a quem o Senhor Jesus matará com o sopro da sua boca, destruindo-o com o resplendor da sua vinda.

A vinda [do iníquo] *será acompanhada do poder de Satanás, de todo o gênero de milagres, sinais e prodígios enganadores, e de seduções de iniquidade para os destinados à perdição, por não haverem acolhido o amor à verdade que os salvaria. Por isso Deus lhes enviará um poder enganoso para que creiam na mentira, e sejam condenados todos os que, não crendo na verdade, se comprazem no mal* (2 Ts 2, 1-12).

São palavras difíceis, que deram ocasião a diversas interpretações e opiniões desde a Antiguidade. Quem é esse *homem da iniquidade*, que São Paulo relaciona claramente com aquele que se menciona na profecia de Daniel? A esta pergunta, deram-se três respostas:

- É um personagem singular, um homem verdadeiramente mau e dotado de qualidades pessoais que o tornam capaz de dirigir ou de realizar a "grande apostasia" — a grande deserção da fé — que deve preceder o fim dos tempos.
- Ou, como acontece frequentemente na Bíblia, é uma figura literária, uma *personificação* da maldade humana, ferozmente oposta a Cristo.
- Mas também se pode pensar, como faz hoje a maior parte dos exegetas, na totalidade das "forças do mal",[3] expressas por meio de um *tipo* de homem e de cultura afastados de Cristo e mais ou menos abertamente opostos a Ele.

Também não se deve excluir que, de acordo com os "múltiplos níveis de leitura" que mencionamos atrás, os três significados sejam corretos. Em todo o caso, esse "homem da iniquidade" está associado ao mundo dos demônios e atua sob o impulso de Satanás, embora não se confunda com ele.

Outro ponto delicado do texto é o que menciona aquilo *que o detém* ou *aquele que o retém*. Paulo recorda que o *mistério da iniquidade* já se encontra em franca atividade no mundo contra os fiéis, embora seja retido até a última grande prova a que o retorno de Cristo porá fim. Haverá, portanto, *algo* ou *alguém* que retenha a plena manifestação do Anticristo até que tenha lugar a última batalha? Que coisa? Quem?

Talvez a interpretação mais interessante e plausível dos termos "aquilo *o que detém*" *(to catecon)* e "*aquele que o retém*" *(o catecon)* seja a de São Tomás de Aquino, que interpreta esses versículos da segunda Epístola aos Tessalonicenses em conjunto com as passagens convergentes de outros livros do Novo Testamento. Vejamos primeiro estes outros textos.

Na primeira Epístola a Timóteo, São Paulo adverte: *Mas o Espírito diz claramente que nos últimos tempos alguns apostatarão da fé, dando ouvidos a espíritos do erro e a ensinamentos dos demônios, impostores hipócritas de consciência cauterizada* (1 Tm 4, 1-2). Essa previsão, aliás, encontrou pronta confirmação já na heresia gnóstica dos séculos II a IV, e mais tarde em todas as seitas heréticas que deformaram a doutrina de Cristo. Aliás, a convicção de que haveriam de surgir "falsos profetas" que causariam grave dano aos fiéis estava amplamente difundida já na época apostólica, como afirma São Judas Apóstolo: *Mas vós! caríssimos, lembrai-vos do que vos foi predito pelos apóstolos de nosso Senhor Jesus Cristo, que vos diziam: "No fim dos tempos, haverá zombadores que andarão segundo os seus ímpios desejos. Esses são os que fomentam as divisões; homens animais, que não têm o Espírito"* (Jd 1, 17-19).

Apoiado nesses textos, São Tomás de Aquino afirma que a oposição a Cristo deve buscar-se na *difusão de doutrinas errôneas* ainda mais do que nas perseguições aos cristãos.[4] Ao comentar o "pequeno apocalipse" do Senhor, na versão de

Mateus: *Cuidai de que ninguém vos engane. Porque virão muitos em meu nome, e dirão: "Eu sou o Cristo", e enganarão a muitos* (Mt 24, 4-5), interpreta-o assim: "Ainda que isto se diga principalmente do Anticristo, pode também aplicar-se a muitos outros que, não tendo aderido à verdade, se entregaram aos erros [...]. A verdade une; o erro, pelo contrário, divide, e precisamente nisto está o perigo. [Mas essas palavras] podem igualmente referir-se à segunda vinda de Cristo, às coisas que acontecerão no dia do Juízo".[5]

É patente, portanto, que para São Tomás o *mistério da iniquidade* já está presente no mundo e continuará a atuar até a segunda vinda do Senhor no fim dos tempos, principalmente através da propagação do erro, da falsificação da doutrina de Cristo. Não é difícil também deduzir que a "barreira que detém o adversário" é a atuação eficaz dos cristãos para proclamar a Verdade revelada, pois o Evangelho *é força de Deus para a salvação de todo aquele que crê* (Rm 1, 16).

O ANTICRISTO SEGUNDO SÃO JOÃO

Por fim, é São João Evangelista quem nos permite completar o retrato do triste personagem. Na sua primeira Epístola, afirma: *Filhinhos, esta é a hora derradeira e, como ouvistes, está para chegar o Anticristo, e eis que muitos se fizeram anticristos, pelo que conhecemos que esta é a hora derradeira. Eles saíram dentre nós, mas não eram dos nossos. Se fossem dos nossos, certamente teriam permanecido conosco; mas assim se tornou manifesto que nem todos são dos nossos. Quanto a vós, tendes a unção do Santo e sabeis todas as coisas. Não vos escrevo por não conhecerdes a verdade, mas porque a conheceis e sabeis que a mentira não procede da verdade. Quem é mentiroso senão aquele que nega que Jesus é o Cristo? Esse é o Anticristo, o que nega o Pai e o Filho* (1 Jo 2, 18-22).

Esta passagem recorda-nos algo a que aludimos de passagem: já nos encontramos na "hora derradeira", na era escatológica. O ponto focal da história já se deu em Cristo. Nas palavras do Papa João Paulo II: "O evento final, entendido cristãmente, não é apenas um marco posto no futuro, mas uma realidade iniciada com a vinda histórica de Cristo. A sua Paixão, a sua Morte e a sua Ressurreição constituíram o acontecimento supremo da História da humanidade. Esta entrou na sua última fase".[6]

João menciona explicitamente "anticristos", insinuando que a luta do Anticristo contra a ação salvífica do Senhor se dá de várias maneiras distintas e se repete muitas vezes ao longo da história. Vejamos o que diz na sua segunda Epístola: *Levantaram-se no mundo muitos sedutores que não confessam que Cristo veio na carne. Estes são o sedutor e o anticristo. Guardai-vos para que não percais o fruto do nosso trabalho, mas antes possais receber a recompensa plena* (2 Jo 1, 7-8).

Por fim, uma terceira precisão trazida por São João é que esses anticristos *saíram dentre nós, mas não eram dos nossos.* Alude assim aos apóstatas e hereges, isto é, àqueles cristãos que, podendo ter acesso aos ensinamentos de Cristo, preferem rejeitá-los por orgulho e fazer-se seguidores — ou até arautos — de doutrinas que negam ou falsificam a mensagem que foi a todos revelada.

O comentário de Santo Agostinho à passagem da primeira Epístola de São João que acabamos de citar merece ser transcrito: "Um corpo está íntegro quando tem todos os seus membros em si. [...] Se pelas honras prestadas a um membro também os outros se alegram, e pelo sofrimento de um membro todos os outros sofrem, a concórdia entre os membros não permite que existam *anticristos.* Mas há aqueles que se encontram no corpo de Cristo como os maus humores no corpo mortal: quando o corpo os expele, sente em seguida um alívio. Do mesmo modo, quando os maus se afastam da Igreja, esta experimenta um alívio.

"Caríssimos, quereis saber por que se pode dizer com toda a certeza que os que saíram da Igreja mas depois querem retornar não são *anticristos,* ou seja, não são contrários a Cristo? Porque aqueles que não são *anticristos* não conseguem permanecer fora da Igreja. É com um ato da vontade que cada um de nós decide tornar-se Anticristo ou permanecer ligado a Cristo. Ou somos um dos seus membros ou pertencemos ao número dos maus humores. Quem se torna melhor faz parte do corpo; quem prefere encerrar-se na sua malícia é um mau humor, e, quando for expulso, os outros, que eram oprimidos por ele, sentir-se-ão aliviados".[7]

AS BESTAS

Não podemos dar por terminada esta antologia de textos inspirados sem fazer referência ao Apocalipse, que, numa linguagem simbólica cuja interpretação nem sempre é fácil, torna a propor os mesmos conceitos teológicos acerca do fim dos tempos.

No capítulo 12 do Apocalipse, aparece o grande dragão infernal que tenta devorar o filho prestes a nascer da Mulher celestial e que, quando este lhe é subtraído, move a guerra contra os seus seguidores. No capítulo seguinte, a visão se completa e se complica:

E vi como saía do mar uma besta que tinha dez chifres e sete cabeças, e sobre os chifres, dez diademas, e sobre as cabeças nomes de blasfêmia. A besta que eu vi era semelhante a uma pantera e seus pés eram como de urso e as fauces como de leão. O dragão deu-lhe o seu poder, o seu trono e uma grande autoridade. E vi a primeira cabeça como ferida de morte, mas a sua chaga mortal foi curada. E toda a terra, maravilhada, seguia a besta, e adoraram o dragão, porque tinha dado o poder à besta, e adoraram a besta, dizendo: "Quem como a besta? Quem poderá guerrear com ela?" (Ap 13, 1-4).

Esta primeira besta, que desde os Padres da Igreja dos primeiros séculos normalmente se identifica com o Anticristo, simboliza conforme a interpretação tradicional todo o poder político que pretende substituir-se a Deus. Os *dez chifres* representam a plenitude do Poder humano; as *sete cabeças*, a variedade de formas com que é exercido ao longo da História. A cabeça *ferida de morte* talvez se aplique ao Império Romano, que de certa forma ressurgiu depois das invasões bárbaras do século V.

Essa besta é acompanhada por falsos profetas que propugnam a "divinização" desse poder mundano: *E vi outra besta que subia da terra e tinha dois chifres semelhantes aos de um cordeiro, mas falava como um dragão. Exerceu toda a autoridade da primeira besta na presença dela, e fez com que a terra e todos os seus habitantes adorassem a primeira besta, cuja chaga mortal fora curada* (Ap 13, 11-12).

Embora não seja possível explicar completamente estas imagens proféticas — sempre restará nelas uma dimensão de mistério, que só compreenderemos plenamente quando se cumprirem —, não há dúvida de que se esclarecem quando pensamos na tendência *cesaropapista* presente em todos os momentos da História. O cesaropapismo, poderíamos dizer, é a grande tentação do Estado: controlar não apenas os atos externos dos cidadãos, mas a sua consciência. A segunda besta representaria neste caso tanto os teóricos da divinização do Estado como os panfletários e propagandistas que a defendem.

Fomos acostumados a pensar por meio de abstrações — "o governo", "o Estado" —, e precisamos sempre lembrar-nos de que esses entes genéricos na verdade não existem: existem *homens concretos* que governam e *homens concretos* investidos em autoridade, e o governo, o Estado, a autoridade valerão o que valerem esses homens. A experiência histórica ensina que, por mais aperfeiçoadas que sejam as instituições, não podem impedir quem as controla de usá-las em proveito próprio. Num certo sentido, é bastante indiferente que um Estado seja formalmente republicano ou monárquico, parlamentar ou presidencialista: será bom ou mau na medida em que forem bons ou maus os governantes.

Pois bem, o principal pecado capital, a grande tentação humana, é a soberba: o *Sereis como deuses* ressoa do Gênesis ao Apocalipse. E o soberbo, qualquer que seja a sua coloração ideológica ou religiosa, quando se vê investido no Poder torna-se tirano: quer mandar, e mandar integralmente. Por isso tem horror à liberdade: não quer súditos nem cidadãos livres, mas apenas escravos. Não tolera quem lhe faça sombra: quer ser adorado. O Apocalipse exprime-o certeiramente: *E toda a terra, maravilhada, seguia a besta,* [...] *e adoraram a besta, dizendo: "Quem como a besta?"*

Por isso, como veremos melhor na segunda parte, todos os tiranos de todos os tempos quiseram ou *extirpar a Igreja,* ou ao menos *controlá-la,* para usurpar a sua autoridade sobre as consciências. Com as Igrejas separadas, quase sempre tiveram sucesso; no Ocidente católico, em que o Papa representou um contraponto aos desmandos do poder político imperial ou nacional, obtiveram no máximo vitórias parciais e transitórias. Por isso, um historiador chega a dizer: "O Papado representou, na História do Ocidente, o grande princípio de defesa da liberdade das consciências e da liberdade dos cidadãos".[8]

Por trás dessa soberba arrogante que aspira a controlar tudo e todos e que, uma e outra vez, se afunda por si mesma depois de algum tempo, encontra-se um fundo demoníaco: *adoraram o dragão, porque tinha dado o poder à besta.* Arrogar-se o poder de Deus, ser adorado em seu lugar, mesmo que seja através de um intermediário, é desde o início a principal aspiração do demônio.

É fundamental recordar, porém, que não é o Estado ou o poder público em si mesmo que é representado pela primeira besta, mas apenas a sua desvirtuação pela tirania. Desde os Apóstolos, que pediam que se rezasse pelos governantes — até por aqueles que os perseguiam —, a

Igreja não tem cessado de recordar que a autoridade humana é boa e necessária, uma vez que é exigida pela natureza social do ser humano. Todas as realidades humanas — os bens materiais, a comida, o sexo — apresentam, aliás, essa mesma ambiguidade: em si mesmas, são boas e podem ser santas, caminho para Deus; postas a serviço do egoísmo e das paixões desordenadas, porém, podem tornar-se demoníacas. A possibilidade de corrupção do poder humano não deve levar o cristão a desconfiar da autoridade legitimamente constituída, mas a rezar e a vigiar para que não se desvirtue; e, se for chamado a exercê-la, a fazê-lo tendo em conta os direitos do Senhor de todos os homens.

A APOSTASIA FINAL

Já ouvimos São Paulo dizer, referindo-se às manifestações do *homem da iniquidade*, que *antes há de vir a apostasia*. Mais terrificante ainda é a profecia de Cristo: *Mas quando vier o Filho do homem, por acaso encontrará fé sobre a terra?* (Lc 18, 8). Sinal terrível do fim, que levou uns a tentar interpretações diluídas desse versículo e outros a suspeitar que o Senhor acabaria, em última análise, por fracassar.

Esta última hipótese perde de vista que a Igreja não é composta apenas pelos fiéis que vivem hoje sobre a terra, mas também por aqueles que os precederam e gozam agora da plenitude da vida divina no céu, ou que se estão preparando para ela no purgatório. Se os primeiros cristãos já afirmavam, como nos recorda o *Catecismo da Igreja Católica*, que "o mundo foi criado em vista da Igreja",[9] é preciso não esquecer que a Igreja existe em vista da multidão de justos e pecadores arrependidos que, santificados pela graça do Espírito Santo, chegam à eterna bem-aventurança. Noutras palavras, se na sua segunda vinda Cristo encontrasse a apostasia generalizada, nem por isso deixaria de poder chamar *benditos do Pai* à multidão incontável de santos que fizeram a Igreja desde o princípio: a sua missão não teria falhado.

Em todos os tempos houve apóstatas e hereges dispostos a semear o erro e a incitar assim à defecção. Cristo, Palavra ou, por assim dizer,

"Verdade" de Deus, sempre teve de combater a oposição de muitos anticristos, como dissemos nas páginas anteriores e teremos ocasião de detalhar na segunda parte. Já São Paulo sofria com uma situação semelhante, conforme podemos ver quando adverte contra os que semeiam a inquietação entre os seus filhos espirituais: *Não é que haja outro* [Evangelho]: *o que há é que alguns vos perturbam e pretendem perverter o Evangelho de Cristo* (Gl 1, 7).

Mas há um perigo tão grave como o da incitação à apostasia por parte daqueles que desvirtuam ou negam o Evangelho: é o da apostasia por *acomodação*. Não foram poucas as vezes na História em que comunidades vivas deixaram morrer o seu primitivo fervor; já no Apocalipse, na carta à Igreja de Éfeso — uma das prediletas de São Paulo —, o Senhor adverte contra esse perigo: *Tenho contra ti que deixaste o teu primeiro amor* (Ap 2, 4). Sem deixarem de professar formalmente a fé, os cristãos podem entregar-se ao desgaste da rotina e do tédio. Insensivelmente, a sua oração vai se tornando palavreado vazio e acaba por ser abandonada; a frequência dos

Sacramentos reduz-se ao mínimo, para dissolver-se no nada depois de algum tempo. O senso do pecado como ofensa a Deus se esvai, reduzindo-se a um "complexo de culpa" que deve ser combatido por meios "psicológicos", se não pelo Prozac. As palavras "mortificação" e "penitência" nem figuram mais no dicionário, a não ser como curiosidades ultrapassadas. E, na medida em que o apostolado e as obras de misericórdia deixam de pertencer ao horizonte cotidiano das pessoas, a sociedade vai sendo tomada por um clima de dissensões e querelas ou por uma frieza e indiferença enregelantes.

Foi o que aconteceu, por exemplo, com as comunidades cristãs outrora vivas e pujantes que existiam na Ásia Menor, no Egito e no norte da África: quando caiu sobre elas a vaga muçulmana, esses cristãos já não encontraram em si as forças necessárias para opor-lhe uma efetiva resistência, não pelas armas, mas pela fortaleza do espírito. Dói verificar que, nessas regiões, hoje não existe praticamente nenhum cristão.

Esse mesmo perigo ameaça nos nossos dias diversas regiões de antiga cristandade — embora nem de longe a Igreja inteira —, sob a forma desse *materialismo prático* que invade as consciências, levando-as a viver como se Deus não existisse. Em muitos setores da sociedade, assistimos atualmente a uma autêntica debandada diante de tudo o que signifique esforço, sacrifício, renúncia: Cruz. Essa covardia coletiva bem pode disfarçar-se sob pretextos variados: "*Hoje em dia* já não se podem aceitar dogmatismos infantis", "a ciência moderna demonstrou que as normas da Igreja sobre a castidade estão *ultrapassadas*", "essas orações repetitivas como o terço, ou essas 'autoflagelações' masoquistas não passam de práticas *medievais*" etc.; o que está por trás dessa atitude são as *três concupiscências* — a concupiscência da carne, a concupiscência dos olhos e a soberba da vida — a que já se referia o Apóstolo São João (cf. 1 Jo 2, 16).

Ora bem, se no final deverá ocorrer a manifestação completa daquilo que agora se mostra apenas em parte, compreenderemos o significado exato da dura palavra *apostasia* usada nos textos escatológicos. E compreenderemos também que o espírito acomodatício prepare o caminho para a manifestação plena do mistério do Anticristo. Quando os cristãos não assumem em plenitude a sua missão de levar à sociedade a luz dos ensinamentos de Cristo e o ideal da sua vida, não admira que sejam os negadores odientos quem se instalem em todos os postos, dos governos aos meios de comunicação.

Enche o coração de tristeza a imagem de uma humanidade que tivesse voltado as costas ao Redentor e que o reencontrasse repentinamente como Juiz. Essa é, aliás, a sensação inspirada pelo fascinante romance de Robert H. Benson, *Lord of the World* ["O Senhor do mundo"]. Por ocasião da sua primeira publicação, em 1907, esse livro suscitou em toda a parte acesas polêmicas, como aliás o próprio autor tinha previsto. Ao menos em sentido lato, bem se pode dizer que o conteúdo dessa obra era profético. Como podia Benson prever em que sentido se orientaria, no século vindouro (para ele), a oposição a Cristo? Ao lê-lo, tem-se a impressão de que descreve os amargos frutos do marxismo e do nazismo, mas também, e sobretudo, o atual nivelamento "materialista" e "humanitarista".

Nesse romance, a ação desenvolve-se em princípios do século XXI, num mundo evoluído e requintado (na verdade, menos do que o é hoje na realidade), no qual a fé católica, a única que sobrevive, representa uma minoria tolerada a duras penas pelo *establishment* "humanitário". O Papa encontra-se refugiado em Roma com todos os cardeais, numa espécie de último enclave católico à espera dos dramáticos desenvolvimentos que se hão de seguir. Uma figura carismática, Julianus Felsenburg, conquista primeiro a simpatia e depois o poder em todo o mundo, instaurando a paz universal e o novo culto materialista, em virtude do qual se autoproclama filho de Deus e é adorado como Deus.

Vejamos uma breve exposição da nova fé: "Não compreendes que todas as promessas do cristianismo foram alcançadas, embora de um modo diverso do previsto? Dizias-me faz pouco que desejavas o perdão dos pecados. Aqui está! Aqui está o perdão: todos nós somos perdoados, porque o pecado não existe, existe apenas a ação criminosa. Depois, dizias-me que querias a Comunhão para poderes participar do corpo de Deus. Aqui está! Todos nós somos participantes de Deus pelo simples fato de sermos homens. Não entendes que o cristianismo é somente uma forma de dizer essas coisas tão simples? Posso admitir que por um tempo tenha sido o único modo de dizê-lo! Mas agora se encontra superado, e há um modo melhor de explicar tudo"...

De aspecto físico muito semelhante a Felsenburg, Percy Franklin é um sacerdote inglês de 33 anos, encarregado da correspondência com a Cúria romana, um homem de oração e, por isso mesmo, alguém que está em condições de fazer uma análise aguda dos acontecimentos. Chamado a Roma, é nomeado cardeal protetor da Inglaterra e pouco depois eleito Papa. Mas a hostilidade latente contra os poucos católicos remanescentes começa a manifestar-se na proibição de praticar o culto, para em breve desembocar na perseguição aberta. Roma é bombardeada. Tendo escapado providencialmente da destruição da Cidade

Eterna, Franklin estabelece-se em Nazaré. Descoberta a existência e o domicílio do Papa, Felsenburg lança o último e definitivo ataque. Nesse momento, porém, chega a Parusia, o segundo advento de Cristo.

Apesar das semelhanças que possa haver entre o enredo do romance e alguns aspectos dos nossos tempos, sobretudo entre o "novo evangelho" de Felsenburg e a atual ideologia dominante, não é o caso de afirmar que estamos presenciando a apostasia final. Mas não é difícil notar que nos nossos dias a oposição a Cristo tem abandonado na maior parte das vezes o confronto violento, para assumir essa forma insidiosa de um esvaziamento do cristianismo, equiparado às outras crenças ("No fundo, todas as religiões são iguais, todas conduzem a Deus"...) ou interpretado de maneira relativista, a ponto de reduzir o dogma e a moral a "bons sentimentos". Se nas décadas passadas se tentou absorver a fé cristã no marxismo, agora procura-se afogá-la no *pensiero debole*, no "pensamento débil"...

EM RESUMO

Após esta longa excursão pelas Sagradas Escrituras, talvez possamos tentar responder agora a algumas das inquietações mais frequentes sobre a figura do Anticristo.

— *Quem é o Anticristo?*

Como vimos, o termo pode aplicar-se a todos os homens que, desde a vinda de Cristo, se opõem a Ele, sobretudo aos que desertaram das fileiras da Igreja: são *os anticristos* de que fala João. Ao mesmo tempo, designa o tipo de cultura e de sociedade que esses homens suscitam ou encarnam — a primeira e a segunda Bestas apocalípticas —, e que incita os cristãos à apostasia formal ou prática, por meio da perseguição, da heresia e do cisma, ou do clima modorrento e corruptor do materialismo. No fim dos tempos, essa oposição chegará ao paroxismo, sem que possamos dizer com certeza se haverá um *Anticristo* humano, uma pessoa que resuma em si toda essa oposição, ou se simplesmente será o conjunto dos inimigos de Cristo que se erguerá contra a sua Igreja.

— *Quando vai aparecer o Anticristo?*

Se pensarmos nos anticristos e na cultura que fomentam, devemos responder que *já apareceu:* está em ação desde o princípio da era cristã, sempre contido pela formação catequética e doutrinal que a Igreja oferece, bem como pelo fervor pessoal dos cristãos.

Se pensarmos no Anticristo, equivale a perguntar quando será o fim do mundo e o dia do Juízo. Ora, São Paulo afirma que Cristo voltará *como um ladrão na noite* (1 Ts 5, 2), e o Senhor nos adverte de que não nos é dado *conhecer nem o dia nem a hora* (Mt 25, 13), apenas nos incita a *vigiar e orar,* sem prestar atenção aos loucos ou embusteiros que pretendam marcar uma data concreta. Portanto, poderia muito bem ser no exato momento em que o leitor esteja lendo estas linhas... ou daqui a mil ou cinquenta mil anos. Não sabemos, e não nos compete saber.

— *Que sinais o caracterizam?*

O de apresentar-se, à semelhança do seu mentor, Satanás, como um *anjo de luz* (2 Cor 11, 14), isto é, pretextando motivos humanitários, progressistas etc. para disfarçar o ódio mortal com que persegue Cristo na sua Igreja; e o de ser inspirado, na realidade, pelo amor de si próprio, pelo desejo de ser adorado no lugar de Deus.

Agora, depois de termos examinado o que as Sagradas Escrituras dizem acerca do tema, será proveitoso vermos rapidamente como a oposição a Cristo se tem manifestado ao longo da História, a fim de cumprirmos melhor o preceito de *vigiar* que o Senhor nos deu.

O ANTICRISTO E A HISTÓRIA

AS PERSEGUIÇÕES

A História da Igreja é rica em perseguições. Muitas e muitas vezes se julgou reconhecer o Anticristo em pessoas ou instituições e ver chegado o fim. Já o livro dos Atos dos Apóstolos nos relata como a Igreja nascente passou a ser perseguida imediatamente depois de Pentecostes pelo Sinédrio, o órgão máximo da nação hebraica, e pelos *reis e governadores*, conforme o Senhor profetizara no "pequeno apocalipse".[10] E a historiografia posterior completaria esse elenco, desde o terrível exórdio levado a cabo pela perseguição de Nero, que culminaria com o martírio de São Pedro e São Paulo, por volta dos anos 66-67, até as perseguições do século XX.

A primeira, sobretudo, foi tão cruenta que se chegou a pensar que exterminaria inteiramente a Igreja.[11] Não admira que as primeiras gerações de cristãos tenham identificado o imperador louco com o Anticristo, a tal ponto que a antiga literatura cristã, para referir-se ao último Anticristo, fala de um *Nero redivivus*.

A perseguição por parte do Império romano prolongar-se-ia "aos surtos" sob os sucessores de Nero, até o Edito de Milão, em 313. E mesmo depois dessa data, em que, sob Constantino, o cristianismo se tomou religião de Estado, não deixou de haver perseguições esporádicas. O imperador Constante (284-350), convertido à seita ariana, tomou a perseguir os cristãos ortodoxos no Oriente. Juliano, o Apóstata (361-363), promoveu uma efêmera tentativa de retorno ao paganismo, mas foi impedido pela sua morte prematura na campanha contra os persas. As tribos bárbaras que invadiram o Império Romano a partir de 536 perseguiram também os cristãos de diversas maneiras, algumas delas, como os vândalos, lançando mão da tática do extermínio programado de populações inteiras.

Também a Idade Média não é tão uniformemente cristã como às vezes se pode pensar, nem o chavão do "poder da Igreja medieval" é lá muito verdadeiro. O conflito que opôs os imperadores germânicos aos papas e que culminou no duelo entre Frederico II (1194-1250) e o papa Inocêncio IV levou muitos contemporâneos a pensar que tinha chegado o fim dos tempos.

Com a Renascença, chegamos ao período em que rebrota com os regimes absolutistas, mesmo os formalmente católicos, a tendência ao cesaropapismo, inaugurando-se uma nova modalidade de perseguição, que só raramente lançará mão dos métodos sanguinários, preferindo-lhes as "medidas administrativas" e a pretensa "colaboração com os autênticos interesses do cristianismo".

Assim chegamos à Revolução Francesa, com a sua tentativa explícita de subordinar a Igreja ao Estado, e com ela ao começo das perseguições modernas. A princípio, tudo não passou de um conjunto de "medidas administrativas": nacionalização dos bens da Igreja, transformação do clero em funcionários do Estado, etc.

Mas, como a imensa maioria dos sacerdotes e da população se mostrou refratária à Constituição Civil do Clero, de 1790, a Assembleia Legislativa endureceu e, com o predomínio dos jacobinos de esquerda, a máscara tolerante acabou por cair: de setembro de 1792 até julho de 1794, uma onda espantosa de massacres levados a cabo pelas milícias populares e pelos tribunais revolucionários varreu a França. Milhares de sacerdotes e uma multidão incontável de leigos foram guilhotinados, afogados, esquartejados por cavalos ou mortos a pauladas por sustentarem uma "superstição abominável".[12]

A perseguição religiosa foi levada a cabo com o rigor lógico de que os franceses parecem ter a primazia: aboliu-se o calendário cristão, substituído por semanas de dez dias (para fazer esquecer os domingos) e festividades comemorativas dos "mártires" da Revolução e das grandes personalidades da Humanidade; proibiu-se o uso de nomes cristãos, passando as crianças a chamar-se Batávia, Concórdia, Brutus...; proclamaram-se um "Credo" e um "Decálogo" republicanos, e não se esqueceu o detalhe de proibir a venda de peixe nos dias de abstinência. E a 10 de novembro de 1793, celebrava-se em Notre-Dame de Paris a festa da "deusa Razão", em que esta era personificada por uma cortesã.

Com a morte de Robespierre, em 1794, cessou a perseguição oficial por exaustão dos perseguidores, mas voltaria a rebentar em 1797-1798, e mesmo Napoleão, que levou o papa Pio VI à França como prisioneiro, não pode ser considerado um "defensor da fé". O exemplo e os métodos que a Revolução Francesa inaugurou voltariam a ser aplicados na Espanha republicana, em 1936-1939, numa perseguição que custou a vida a mais de 4.000 sacerdotes seculares e 2.500 religiosos; na Rússia e nos seus países satélites, de 1917 até a queda do comunismo, fazendo um número literalmente incontável de vítimas, cuja história ainda está por escrever; e na Alemanha nazista, que sacrificou mais de 4 mil sacerdotes e religiosos.[13] O século XX parece ter sido, em toda a História da Igreja, o que fez mais vítimas: segundo o historiador David Barret,[14] mais do dobro que em todos os dezenove precedentes.

Esses números não representam, porém, senão a ponta de um iceberg. Dom Estêvão Bettencourt aponta três características próprias das perseguições modernas, que contribuíram para disfarçá-las aos olhos da opinião pública:

- O século XX foi aquele em que *as autoridades mais se preocuparam em não fazer mártires cristãos*: quer processando os fiéis por motivos políticos ou por crimes comuns falsamente imputados, como fizeram os nazistas, quer obrigando-os a confessar uma atividade política inexistente, como fizeram os regimes comunistas;
- um número incontável de fiéis, leigos e sacerdotes, foram sujeitos à *tortura física, psíquica e moral* em campos de concentração e "clínicas de reeducação", mas libertados pouco antes de morrer;
- por fim, muitíssimos *morreram desconhecidos*, como vítimas da violência e dos maus tratos sofridos no contexto de um genocídio mais amplo, como o que se abateu sobre a Polônia, por parte dos

nazistas, ou sobre a Ucrânia, por parte do regime stalinista.

A estas características, é preciso acrescentar a fortíssima censura sobre todas as notícias que os regimes totalitários aplicaram e — no caso da China, Cuba, Sudão e outros — continuam a aplicar; e o clima descristianizado que caracteriza boa parte da mídia ocidental, que simplesmente boicota as notícias relativas à Igreja ou interpreta em clave política todas as perseguições.[15]

Deste brevíssimo apanhado, deduz-se com toda a clareza que, desde o dia de Pentecostes até hoje, não há nenhum momento histórico em que a Igreja, ou mais exatamente Cristo na sua Igreja, não tenha sofrido perseguição. Pode ter sido mais ou menos cruenta, localizada ou geral, explícita ou velada, mas está presente em todo o momento, e não parece ser o caso de esperar que algum dia se chegue a uma época dourada em que o cristianismo goze de uma aceitação e benevolência universais. Diante desse quadro, que nem sempre é devidamente levado em conta nos manuais de História e nos meios intelectuais, não admira que os mentores dessas perseguições tenham sido identificados, ao longo dos diversos períodos, com o Anticristo.

A atitude dos cristãos, por sua vez, sempre teve duas vertentes. De acordo com as palavras do Senhor, as perseguições foram ocasião para que os seus discípulos *dessem testemunho*. Como vemos já nos Atos dos Apóstolos, Pedro e João tiveram palavras de uma firmeza admirável e serena diante do Sinédrio: *Julgai por vós mesmos se é justo perante Deus que obedeçamos a vós mais do que a Deus; porque não podemos deixar de falar do que vimos e ouvimos* (At 4, 19-20).

E a segunda atitude sempre tem sido aquela que Cristo recomendou aos que o seguem: *Amai os vossos inimigos e orai pelos que vos perseguem* (Mt 5, 44).

FALSAS IGREJAS

The devil cannot make, but only mock — o diabo não pode criar, mas apenas macaquear —, dizem os ingleses com muita sabedoria. É, na verdade, a tradução de um velho adágio teológico:

Diabolus simia Dei — o demônio é um macaco de Deus. Com efeito, é próprio dos anticristos serem apenas pálidas e distorcidas imitações de Cristo, e as anti-igrejas que criam serem contrafações da verdadeira Igreja.

Podemos observá-lo em todos os casos de que falamos. Quanto aos primeiros séculos, basta mencionar o que comumente se sabe, isto é, que os cristãos foram perseguidos, na maioria das vezes, por se recusarem a prestar culto ao imperador, que se considerava uma divindade, encarnação do Estado todo-poderoso. A mesma característica está presente nos movimentos revolucionários modernos, que pretenderam, sem exceção, fazer-se de pseudoigrejas.

A Revolução Francesa não foi nem de longe uma mera mudança de estruturas políticas impulsionada por fatores econômicos, como às vezes se diz; pelo contrário, "deve a sua importância justamente ao seu caráter antirreligioso".[16] Precisamente o seu primeiro cronista, Jules Michelet, insuspeito de simpatias católicas, afirma: "A Revolução não podia aceitar nenhuma Igreja, porque ela mesma era uma Igreja".[17]

Todo o movimento liberal-revolucionário ressente-se desse sabor de revolta contra Deus e a Igreja: o seu precursor e propagandista Voltaire, no século do iluminismo, já proclamava: "Jesus Cristo precisou de doze Apóstolos para propagar o cristianismo. Eu vou demonstrar que basta um só para destruí-lo". E no século XIX o conhecido escritor republicano, Giuseppe Mazzini (1808-1872), escrevia: "Se a vista não me engana, a era cristã chegou ao fim".[18]

O mesmo ocorreu com o nazismo e o marxismo, esses "irmãos gêmeos" gerados no próprio seio da tendência liberal. Vejamos o primeiro: Joseph Goebbels identificado algumas vezes com a Besta *que falava como um dragão* (porque era o Ministro de Propaganda do regime) — afirmou diante do círculo dos adeptos mais íntimos do Partido, em 1933, logo depois de ter conquistado o poder: "Também nós seremos uma Igreja".[19] Expressivo é também o testemunho de um oficial superior das SS: "Não podemos consentir que ao nosso lado seja outra organização com um espírito diverso do nosso: teríamos que destruí-la. Com toda a seriedade, o nacional-socialismo proclama: 'Eu sou o senhor teu Deus, e não terás outros deuses diante de mim. Porque meu é o Reino, o Poder e a Glória'".[20]

A seguir, o marxismo: Lênin, que em criança fora um cristão fervoroso, revoltou-se contra Deus quando um irmão seu foi fuzilado por conspirar contra o governo do czar. Alguns anos depois, escrevia: "O marxismo é um materialismo [...]. Temos de combater a religião. Este é o ABC de todo o materialismo e, por conseguinte, do marxismo".[21] Aliás, não tardaria a pôr em prática esses princípios.

E, para remontarmos às origens da ideologia marxista, vejamos o caso do seu "profeta", algumas vezes identificado com o Anticristo, mas que no fim das contas se revelou apenas um anticristo. Marx foi batizado no cristianismo luterano. Era um aluno-modelo e brilhava nas redações sobre temas religiosos, onde numa das quais escreveu: "A união com Cristo proporciona satisfação interior, consolo na dor, tranquila certeza, e abre o coração para o amor ao próximo e para todas as coisas nobres e grandes, não por mera ambição ou ânsia de glória, mas por amor a Cristo".[22]

Depois, porém, a vida do jovem Marx passou por uma viragem profunda. Durante os anos universitários, em que foi aluno de Hegel e teve contato com o ateísmo militante de Feuerbach — cujo "efeito libertador" produziu nele e no seu colega Engels um "entusiasmo unânime",[23] e em que passou a perder dinheiro com jogo e mulheres, começou a escrever versos negros:

Pôde alcançar o meu pensamento
o mais alto e também o mais profundo;
por isso sou tão grande como um deus
e em trevas, tal como ele, me oculto.[24]

Mais tarde, no Prefácio à sua tese de doutorado, escrevia: "A Filosofia não pode ocultá-lo. A frase de Prometeu: 'Em suma, odeio completamente todos e cada um dos deuses', é a sua declaração pessoal, o seu ato de fé próprio contra todos os deuses do céu e da terra, que não querem admitir que o homem consciente de si mesmo é a suprema divindade [...]. Prometeu é o mais eminente dos santos e mártires no santoral da Filosofia".[25] Prometeu representa, na mitologia grega, a *hybris,* a arrogância do homem que desafia a ordem divina.

Diante de tudo isso, é impossível negar que, nas raízes mais profundas das ideologias, tocamos aquilo que a imagem de Signorelli representava: um pregador que presta ouvidos a Satanás.

Os resultados históricos produzidos por essas pseudo-igrejas, bem conhecidos, têm demonstrado com absoluta coerência o que dizia o poeta Hölderlin, arauto da modernidade, no seu romance-carta *Hyperion,* de 1799: "Sempre que o homem pretendeu fazer para si um paraíso, transformou-o num inferno".[26] Ou, como o resumia o cardeal Ratzinger:

"Esse 'bem absoluto' que seria a implantação de uma Sociedade justa vem a constituir-se em 'norma' moral que justifica qualquer coisa, mesmo a violência, a morte e a mentira, quando 'necessárias'. Este é um de tantos aspectos em que se comprova como a Humanidade, quando se afasta de Deus, chega às consequências mais disparatadas. [...] Isto já havia sido descrito com justeza nas primeiras páginas da Bíblia. Núcleo da tentação do homem e da sua queda foi aquela frase programática: *E sereis como deuses* (Gn 3, 5). Como deuses: quer dizer, livres da Lei do Criador, livres das Leis da Natureza, donos absolutos do próprio destino. O homem pode tentar fazer-se autor e único dono de si mesmo; mas, no final desse caminho, o que encontrará certamente não será o Paraíso".[27]

REBELDES QUE SE DESFAZEM

No seu conhecido romance *Os irmãos Karamázov*, Dostoiévski afirmava que, quando os homens tivessem chegado a "derrubar todos os templos e cobrir a terra com um banho de sangue", perceberiam por fim que são "uns rebeldes que se desfazem por si, incapazes de suportar a sua própria rebeldia".[28] Com efeito, e esta é talvez a principal lição da História, os pobres anticristos e as suas falsas igrejas não tardam a ruir por si mesmos, mas não sem antes terem causado enormes danos, que depois cabe aos cristãos reparar.

Nas palavras de João Paulo II, protagonista direto dos acontecimentos que levaram à queda do Muro de Berlim, "o comunismo, como sistema, em certo sentido caiu sozinho. Caiu em consequência dos seus próprios erros e abusos. Demonstrou ser *um remédio mais prejudicial do que a própria doença.* Não realizou uma verdadeira reforma social, apesar de se ter tornado para todo o mundo uma poderosa ameaça e um desafio. Mas *caiu sozinho, pela própria fraqueza interna*".[29]

Mas se o cristão deve ter bem presente a realidade odienta escondida sob a superfície de umas doutrinas políticas e sociais, e não se deixar levar *por qualquer vento de doutrina pela malícia dos homens, empregando estes astutamente, para enganar, os artifícios do erro* (Ef 4, 14), não deve de forma alguma odiar os seus protagonistas, esses pobres "candidatos a Anticristo" que se deixaram arrastar pelo seu orgulho.

Além do mais, o sofrimento que as suas próprias atitudes atraem sobre a pessoa desses pobres "rebeldes que se desfazem" é terrível e digno de compaixão. Para nos atermos ainda ao caso de Marx, a história da família que constituiu é reveladora: além de ter perdido três crianças por desnutrição, uma de suas filhas suicidou-se junto com o marido, e a quinta, a predileta Eleanor— cujo esposo, Edward Aveling, se dedicava a dar conferências nas sociedades teosóficas sobre a "Perversidade de Deus" —, também se matou. Todos os amigos se afastaram dele, um após outro, exceto o fiel Engels, a cujas custas vivia. E no seu enterro não havia senão oito pessoas.

No opúsculo *O 18 de brumário de Luís Bonaparte*, Marx tinha escrito: "A eternidade não é outra coisa que uma imensa dor". O mais doloroso para quem se revolta contra Deus não é o sofrimento físico, mas o desespero gélido e sem saída. A vida torna-se realmente essa "paixão inútil" de que falava Sartre, e que o poeta Theodor Fontane pintou sentidamente:

Pouco a pouco, sem que nada o impeça,
estreita-se o horizonte da vida,
dissipando jactância e vaidade.
A esperança, e o ódio, e o amor

se esfumam, sem deixar do seu fulgor
mais que um ponto final de obscuridade.[30]

A RELIGIÃO FALSIFICADA

Uma das facetas do Anticristo é, como vimos, a dimensão de "falso profeta". A dissolução doutrinal, mais do que as perseguições, é a maneira que se tem demonstrado mais eficaz de atuar contra Cristo e os seus seguidores. Por isso merecem especial atenção e cuidado todas as forças que afastam o homem da ideia religiosa e da doutrina evangélica do amor por todos os homens, seja qual for a sua classe social.

Na passagem da Carta a Timóteo que já citamos em parte, São Paulo afirma ainda: *Mas o Espírito diz claramente que nos últimos tempos alguns apostatarão da fé, dando ouvidos a espíritos do erro e a ensinamentos dos demônios, impostores hipócritas de consciência cauterizada. Proíbem o casamento e o uso de alimentos que Deus criou para que os fiéis, conhecedores da verdade, os tomem com ação de graças. Porque toda a criatura de Deus é boa e nada há de reprovável, quando se usa com ação de graças, pois se torna santificado pela palavra de Deus e pela oração* (1 Tm 4, 1-5).

Ao falar de impostores que *proíbem o casamento e o uso de alimentos que Deus criou*, o Apóstolo refere-se claramente ao *gnosticismo*, uma heresia que surgiu já nos primeiros tempos do cristianismo, sob a influência de doutrinas vindas da Índia e da Pérsia e que se encontravam bastante difundidas no ambiente pagão greco-romano. Na versão criada por Manes e denominada *maniqueísmo*, foi a religião oficial do Império Persa, rival do Romano e mais tarde do Bizantino.

Sob diversas roupagens, o movimento gnóstico foi uma corrente mais ou menos subterrânea que subsistiu ao longo de todos os séculos cristãos: depois de um primeiro surto nos séculos III-IV, tomou a irromper violentamente no sul da França, no século XII, com os cátaros; em plena Ilustração, ressurgiu com Swedenborg (1688-1772), na Suécia; entre os séculos XVIII e XIX, gerou o movimento Rosacruz, o espiritualismo inglês e o espiritismo francês de Allan Kardec, a teosofia de Mme. Blavatski, a antroposofia de Rudolf Steiner, além de uma infinidade de outras pequenas sociedades e seitas mágicas, ocultistas, neopagãs, satânicas etc.; e todas essas ramificações desembocaram mais ou menos diretamente no *New Age* atual. Uma carreira, se não de sucesso, ao menos tenaz.

Por que essa atração? Apesar da sua opalescente variedade ao longo do tempo, o gnosticismo apresenta uma série de doutrinas comuns: Deus é concebido como idêntico ao Universo, como "Energia" ou "Alma cósmica" ou "grande Todo"; a matéria seria princípio de todo o mal; a alma humana, tendo pecado quando era ainda um espírito puro, estaria desterrada neste mundo, que seria uma prisão e um castigo do qual precisaria libertar-se em sucessivas encarnações; essa libertação se daria por meio de uma "Sabedoria Superior" reservada aos "Eleitos", sabedoria essa oriunda do Antigo Egito, da Índia, do Tibete, da Milenar Sabedoria Oriental, de espíritos superiores, eventualmente de Cristo — mas transmitida apenas aos Apóstolos e por estes aos "Iniciados" (sendo a doutrina católica, ensinada sempre pública e abertamente, apenas uma versão rebaixada para "imperfeitos")...

O atrativo dessas doutrinas é evidente. Se o mal no homem é produto da matéria, do corpo, precisa ser combatido com uma série de práticas materiais (vegetarianismo, ioga, terapias com cristais, aromas etc.). O pecado confunde-se com a doença e todo o tipo de sofrimento, e deixa de ser responsabilidade da livre decisão humana ("é o meu corpo que peca em mim", ou é "resultado do *karma*"). O inferno é diluído na série maior ou menor das encarnações, o que permite adiar indefinidamente as decisões morais; estas, aliás, não precisam ser postas em prática por um esforço da vontade, mas provêm automaticamente e sem esforço de um crescimento na "Sabedoria".

Mas nada iguala — e nisto reside o grande estímulo e ao mesmo tempo o perigo que atrai muitos ao gnosticismo — o orgulho vaidoso de sentir-se um "Eleito", um "Iniciado", um "Sábio", separado dos "ignorantes" e "imperfeitos". E a insistência na salvação pela sabedoria faz dos gnosticismos uma armadilha perfeita para os pseudo-intelectuais. Curioso é registrar como as falsas igrejas que mencionamos têm ligações subterrâneas com as mais diversas seitas gnósticas: Voltaire pertencia à Loja dos Nove Irmãos, de Paris; Marx foi afiliado à loja francesa dos Filadelfos (nascida da maçonaria) e teve frequentes contatos e correspondência com Annie Besant, que sucedera a Mme. Blavatski na direção da Sociedade Teosófica que esta fundara. A mesma Mme. Blavatski, a essas alturas, deixara a teosofia para unir-se à luta de Garibaldi por abater o Papado, na Itália. Proudhon e Bakunin, expoentes do movimento socialista internacional, eram membros da seita demoníaca de Southcott. A influência do esoterismo e do ocultismo antroposófico no Terceiro Reich, que aliás se propôs reinstaurar o antigo paganismo germânico, vem sendo estudada de maneira crescente. E a lista poderia prolongar-se quase indefinidamente.

Não admira que diversos movimentos gnósticos tenham prometido também os seus "anticristos", embora em clave pacifista. Esses movimentos e os seus propagadores não se colocam, normalmente, em oposição direta a Cristo. Antes esfumam a figura do Senhor como *um* dos grandes "avatares" dos séculos passados e *um* dos grandes Mestres da Humanidade, no mesmo plano que Maomé, Moisés, Buda, Confúcio, Tolstói, Marx... Não negam diretamente a doutrina cristã, mas consideram-na "superada" por uma sabedoria nova e "superior".

O aspecto sempre suave e bondoso, característico desses movimentos e dos seus avatares, não deveria fazer-nos esquecer uma realidade bastante grave: nessas seitas, "não se nega diretamente o mistério ou o sobrenatural, mas ambos são *falsificados*. Os carismas são desvirtuados em forças mágicas, o sobrenatural em energias preternaturais, o soteriológico em esoterismo, e o mistério em ocultismo. Não estamos diante da indiferença ou do ateísmo, mas de uma manipulação e de uma caricatura do divino. Este é o paradoxo da epidemia sectária: o homem é espoliado do divino em nome do próprio Deus".[31]

A "MORTE DE DEUS"

Por fim, dentre os anticristos dos últimos séculos merece mencionar-se Friedrich Nietzsche

(1844-1900). Embora patentemente uma personalidade frágil, que a partir de 1889 perdeu definitivamente a razão, não foi simplesmente "mais um louco", uma vez que as suas obras começam hoje a estar de moda nas Universidades do Ocidente.

Revoltado com o protestantismo liberal em que se educou, Nietzsche foi sobretudo um destruidor. Não elaborou um sistema de pensamento, pois é por demais contraditório e confuso para isso. Conta-se que os filósofos contemporâneos de Nietzsche diziam dele: "As ideias não são grande coisa, mas que estilo!", e os literatos: "O estilo não presta para nada, mas que ideias!"...

Para ele, o *homem* seria apenas o palco da luta incessante entre os *instintos*, que se sucedem uns aos outros na consciência; a *moral* estaria determinada pelas relações dessas forças em luta: não haveria nada bom ou mau em si, mas apenas útil ou prejudicial para a conservação da vida; e o único *sentido* para a vida seria a *vontade de poder*, para a qual uns estariam esplendidamente dotados e outros não, sendo os primeiros chamados a dominar, e os outros a ser escravos. O *outro mundo* não passaria de uma invenção do homem, devido à sua fraqueza psicológica; e o *cristianismo* não seria senão a mais imponente "superestrutura", a mais mentirosa fachada criada pelo homem para disfarçar a impiedosa realidade. Libertar-se do cristianismo seria, pois, uma necessidade para se poder finalmente chegar ao princípio do imoralismo. Em suma, trata-se de uma exaltação do cinismo, da lei do mais forte — o "super-homem", tal como Nietzsche o esboça em *Assim falou Zaratustra* — e da vida glandular, hormonal, correntes bastante difundidas na intelectualidade atual.

A doutrina nietzscheana desemboca no *niilismo*, isto é, na negação de todos os valores morais e até da própria verdade. A negação de Deus é o passo seguinte, inevitável. Esse passo foi dado nas duas últimas obras desse pensador, *Ecce homo* e *O Anticristo*.

Os títulos dos capítulos do *Ecce homo* são reveladores: "Por que sou tão sábio?", "Por que sou tão sagaz?", "Por que escrevo livros tão bons?"... E o nome da obra sugere a comparação entre

Cristo, flagelado e coroado de espinhos e assim apresentado por Pilatos aos judeus, e o próprio Nietzsche, o modelo do novo homem, o homem perfeito.

A 30 de setembro de 1888, o autor termina por fim *O Anticristo,* ao qual acrescenta uma "lei contra o cristianismo", datada desse mesmo dia, o primeiro do primeiro ano da nova cronologia... Essa lei ordena uma guerra contra esse "vício", e é assinada pelo "Anticristo", que, daí em diante, se identifica já plenamente com a divindade e passa sem transições para a loucura, nos primeiros dias de 1889. Nas cartas que escreveu nessa época, assina com o nome de *Dionysos* ou *Crucificado.*

"Deus morreu", é a frase com que se costuma resumir o seu pensamento. Mas nem a ideia nem as palavras são dele, uma vez que eram relativamente comuns entre os pensadores racionalistas alemães do século XIX, impressionados com a quase total descristianização da sociedade promovida pelo protestantismo liberal. O próprio Nietzsche não proclama a morte de Deus com uma espécie de falsa tranquilidade satânica, e sim, como é típico dele, numa angústia contraditória e desvairada. No conhecido fragmento do "homem louco", por exemplo, vemo-lo pintar de maneira pungente o retrato do homem extraviado de Deus:

"Não ouvistes falar daquele louco que, em pleno meio-dia, se pôs a correr pelo mercado levando uma lanterna acesa e gritando sem parar: 'Procuro a Deus! Procuro a Deus!'? Como ali se tinham juntado muitos dos que não creem em Deus, esse homem provocou uma estrondosa gargalhada. 'Será que Deus se perdeu?', disse um. 'Talvez se tenha extraviado como uma criança', acrescentou outro. E entre gritos e risadas, uns e outros continuaram a perguntar: 'Não se terá escondido? Será que tem medo de nós? Terá partido num barco? Emigrou?...' De repente, o homem louco pulou no meio deles e cravou o seu olhar em cada um, em todo o círculo ao seu redor. 'Onde está Deus?', exclamou. 'Vou dizer-vos: nós o matamos, vós e eu! Todos nós somos os seus assassinos. Mas como pudemos fazê-lo? Como pudemos esvaziar o mar? De quem tomamos a esponja que secou todo o horizonte?

Que fizemos ao soltar esta terra do seu Sol? Para onde irá agora? E nós, por onde caminhamos, longe de todos os sóis? Não vamos tropeçando e caindo sem cessar, dando passos para trás, para os lados, para a frente, em todas as direções? Porventura ainda existe o em cima e o em baixo? Não vagamos por acaso num nada interminável? Não é verdade que sentimos no rosto o hálito do vazio? Não é certo que cada vez faz mais frio, e que a cada momento a noite se torna mais negra para nós? Vedes por que precisamos acender as lanternas ao meio-dia? Será que já não escutais o ruído dos coveiros que enterram a Deus? Não nos chega o fedor de um Deus em corrupção? Sim, também os deuses se corrompem! Deus morreu, e permanece morto! E fomos nós os autores da sua morte! Que consolo pode haver para nós, assassinos dentre todos os assassinos? Aquele que era o mais Santo e o mais Poderoso, Aquele que possuía todo o Universo, jaz agora dessangrado pelas nossas facadas, e quem poderá limpar-nos do seu sangue?'".[32]

Não são poucas as influências do niilismo nietzscheano sobre a sociedade moderna:

a exaltação crua dos instintos, especialmente essa espécie de "pseudo-mística" do sexo, para alguns erigida aparentemente em "ortodoxia"; o cinismo mais desaforado, que se pratica sem dissimulação em muitos meios empresariais ou políticos, e que determinada mídia despeja cotidianamente nos lares; a violência crescente nas relações humanas, que as autoridades se empenham em vão por conter, uma vez que não querem diagnosticar-lhes as verdadeiras causas. "Faze o mal e verás como te sentes livre", diz um personagem de Jean-Paul Sartre em *Le diable et le bon Dieu:* não é o que romances, telenovelas, cantores e peças de teatro, toda a intelectualidade dita "avançada", se empenha denodadamente em pregar?

Corruptio optimi, pessima — o ótimo, corrompido, torna-se péssimo —, diz um velho adágio teológico, referindo-se aos nobres ideais e grandes personalidades que, postas a serviço de heresias e ideologias corruptoras, se transformam no seu contrário. Chesterton, sempre genial, completa essa frase: "*Corruptio pessimi, nihil*: a corrupção do péssimo é o nada. Nem sequer continua a corromper-se".[33] A corrupção induzida pelo niilismo é autodestrutiva, na medida em que elimina todas as estruturas sociais e a vida intelectual; e a sociedade de pobres bárbaros frustrados que dela resulta — como a do paganismo decadente antigo — torna a sentir necessidade da Redenção, que somente a Igreja de Cristo tem para oferecer.

Segundo se conta, na década de 1950 apareceu pichado no metrô de Nova York: "Deus morreu. Assinado: Nietzsche". No dia seguinte, outra mão pichou em baixo: "Nietzsche morreu. Assinado: Deus". Esta é, em última análise, a melhor resposta, e talvez a única que mereça dar-se, ao pobre "anticristo" desequilibrado.

O ANTICRISTO HOJE

TRÊS TENDÊNCIAS

Não chegou esse "fim dos tempos" insistentemente marcado para o século XX. Todavia, não há como negar que coube a esse século assistir a um *crescendo* da oposição a Cristo sob todas as formas. No momento em que se abria a centúria, São Pio X escrevia, naquela que seria a encíclica programática do seu pontificado, *E supremi apostolatus*, de 1903:

"Agora, em todos os lugares, move-se e mantém-se contra Deus uma guerra sacrílega. Pois verdadeiramente *amotinaram-se todas as gentes e os povos tramaram vãs conspirações* (Sl 2, 1) contra o seu próprio Criador, a tal ponto que é comum o grito dos inimigos de Deus: *Afasta-te de nós* (Jó 21, 14). Por isso, vemos que está extinto, na maioria dos homens, todo e qualquer respeito para com o Deus Eterno; que já não se tem em conta a sua Vontade suprema nas manifestações da vida privada e pública; e que, ao invés disso, se procura com todas as forças, com todos os subterfúgios, que tenha fim a lembrança de Deus e seja destruído todo o conhecimento dEle. Quem considera tudo isso tem boa razão para temer que semelhante perversão das mentes seja um presságio e até um começo dos males que estão reservados para o fim dos tempos; que já esteja no mundo o *filho da perdição,* de quem fala o Apóstolo (2 Ts 2, 5).

"Com efeito, [...] esse é o sinal característico, segundo diz o próprio Apóstolo, do Anticristo: o próprio homem, com infinita temeridade, pôs-se no lugar de Deus, erguendo-se contra tudo o que se chame divino; de modo que, ainda que não possa apagar inteiramente de si mesmo toda a noção de Deus, rejeitou a Majestade divina e fez do universo um templo onde ele mesmo seja adorado. *Sentar-se-á no templo de Deus, mostrando-se como se fosse Deus".*[34]

Mesmo agora, que os totalitarismos e a perseguição direta aos cristãos parecem afastados na maior parte do mundo ocidental, não podemos embalar-nos numa falsa segurança. A situação da Igreja, enquanto durar este mundo, é uma situação de guerra: guerra não *contra o sangue e a carne, mas contra os principados, contra as potestades, contra os dominadores deste mundo tenebroso, contra os espíritos maus das alturas* (Ef 6, 12); guerra espiritual, travada com as armas do espírito — a oração, a doutrina, o amor ao sacrifício e o apostolado —, mas nem por isso menos real. Seria triste que os cristãos, esquecidos dessa realidade, se desentendessem da luta, ou, pior ainda, fizessem de quintas-colunas.

O fermento que gerou as perseguições recentes continua presente na sociedade atual através de uma série de fenômenos ou tendências anticristãs, que se poderiam resumir sob três conceitos: *laicismo, secularismo* e *relativismo*. Vejamo-los um por um.

LAICISMO

No quinto livro dos *Irmãos Karamázov*, Dostoiévski insere a *Lenda do Grão-Inquisidor*, texto perturbador pela sua forte expressividade. O ateu Ivan Karamázov expõe ao seu irmão Aliosha, cristão fervoroso, a trama de um texto teatral que pretende escrever: Cristo em pessoa teria voltado ao mundo imprevista e secretamente, na Sevilha da época da Inquisição. A sua misericórdia, os seus ensinamentos, os seus milagres rapidamente o teriam tornado conhecido entre os fiéis, que o seguiriam entusiasmados. Até que, certa noite, seria preso pelo próprio Grão-Inquisidor.

No cárcere, desenvolve-se o dramático monólogo do acusador (monólogo, porque também desta vez Cristo permanece calado), em que o Salvador é acusado de ter perturbado a ordem da Igreja com o seu gesto:

— "És tu, és tu? Não respondes, calas. E que poderias dizer? Sei muito bem o que poderias dizer. Além disso, não tens o direito de acrescentar coisa alguma ao que já disseste uma vez. Por que vieste incomodar-nos? [...] Vens perturbar-nos e, sobretudo, vens fora de hora. Tens o direito de revelar um só segredo sobre o mundo do qual vieste? Não, não o tens, se não queres acrescentar alguma coisa ao que já foi dito e tolher aos homens aquela liberdade que tanto defendeste quando estavas sobre a terra".

À primeira vista, poder-se-ia pensar que é uma pena que Dostoiévski tenha acolhido tão acriticamente os clichês difundidos sobre a Inquisição e a visão um tanto ressentida contra o catolicismo que caracterizava a Igreja ortodoxa russa. No entanto, num segundo momento, percebe-se que alude a uma realidade diferente, muito mais profunda do que os chavões: de certa forma, a lenda é uma alegoria da modernidade, na medida em que esta pretendeu fazer o processo de Cristo.

Com efeito, acompanhando um pouco mais o texto, descobrimos que o velho inquisidor na verdade alimentava dentro de si um malicioso ressentimento contra aquele amor de Cristo pelos homens pecadores que lhe parecia excessivo e inatingível. Ele e outros como ele teriam querido a todo o custo apagar aquela exagerada paixão de Cristo pela liberdade das almas, que conduzira o Senhor à Cruz. Segundo ele, Cristo teria feito melhor em seguir os conselhos do diabo nas tentações (cf. Mt 4, 1-11): deveria ter alimentado, pacificado e governado os homens Ele mesmo, pondo o seu poder sobrenatural a serviço de fins humanos.

Mas não foi precisamente alimentar, pacificar e governar os homens o que Cristo fez pelo sacrifício da Cruz? Eis o ponto em que se revela a verdadeira natureza do ódio do Grão-Inquisidor: é o ódio à Cruz, a rebelião do homem que, tomado de horror ao sofrimento e cansado de esperar em Deus, se crê capaz de gerir o mundo melhor do que o Criador. "Nós tomamos a espada de César, mas, naturalmente, ao tomá-la, repudiamos-te a Ti e seguimo-lo a *ele*. Transcorrerão ainda séculos de livre pensamento, de ciência humana e de antropofagia — porque, tendo começado a construir a sua torre de Babel sem nós, é com a antropofagia que a terminarão. E então a Besta rastejará para junto de nós e lamberá os nossos pés e os aspergirá com as lágrimas de sangue dos seus olhos. E nós nos sentaremos sobre a Besta e levantaremos ao alto uma taça sobre a qual estará escrito 'Mistério!'. E nessa hora, somente nessa hora, despontará para os homens o reino da paz e da felicidade".

Nessas palavras misteriosas ressoa uma alusão à besta do Apocalipse, ou seja, ao Anticristo. O seu significado pleno se esclarece quando pensamos na moderna tendência *laicista*, que representa uma desistência ou indiferença ante o sobrenatural e principalmente ante o "princípio da Cruz", que é e sempre será o máximo *sinal de contradição* (Lc 2, 34) do cristianismo. Esse movimento difuso consiste no esforço feito ao longo dos últimos séculos por construir um pensamento humano autônomo, filosófico e científico, inteiramente desvinculado de Deus; uma economia pretensamente científica, à qual se confiaria a missão de conduzir os homens ao "reino dos céus", entendido como mero bem-estar econômico; um ordenamento jurídico que se dispensaria de qualquer referência à lei natural e à moral revelada por Deus; e uma política que prescindisse completamente de toda a referência a uma ordem superior. Em suma, a sua finalidade é a construção de toda uma sociedade completamente à margem de Deus.

Mas a realidade é que, degrau após degrau, essa tendência se tem enredado em contradições cada vez mais insolúveis. A filosofia sem Deus apenas levou a duvidar de toda e qualquer possibilidade de conhecimento, a um suicídio da razão. A moral sem Deus dissolveu-se numa série de "éticas" inócuas que não são capazes de entender-se entre si, e que no fim das contas se descartam sem o menor escrúpulo quando entram em jogo os egoísmos pessoais. A ciência sem Deus fragmentou-se numa infinidade de receitas para a felicidade — químicas, como o Prozac; genéticas, como o planejamento genético e a clonagem do ser humano; psicológicas, como a psicanálise... — que só produzem uma única certeza: nenhuma delas funciona a longo prazo. O direito sem Deus limitou-se a justificar os desmandos de quem estivesse no poder. ou quem quer que estivesse no poder. E a política sem Deus — o pragmatismo de Maquiavel (O *Príncipe* é o livro de cabeceira de quase todos os estadistas modernos), a *Realpolitik* de Bismarck —, a que tem conduzido senão às guerras modernas, de uma sanguinolência sem precedentes, aos massacres de populações civis, ao desprezo por todos os tratados internacionais?

E quando pensamos em certas manifestações recentes, como a guerra contra os nascituro — que já fez mais vítimas do que todas as Guerras mundiais juntas; o ódio encarniçado à infância, que se manifesta no esforço impressionante por parte de certos meios de comunicação por corrompê-la por todos os meios; o uso de embriões humanos para pesquisa científica e fornecimento de órgãos..., é preciso reconhecer que já não estamos longe da antropofagia, do canibalismo.

Tem-se apregoado muito que a grande conquista dos governos laicos seria a tolerância, chave para a convivência social pacífica. Essa era precisamente, como nos lembraremos, uma das notas características dos anticristos de Soloviev e Benson... porque se trata de uma tolerância de fachada, descartável a gosto do freguês, o que fica evidente quando se contemplam os seus curiosos critérios. Vejamos o que diz um pensador brasileiro num artigo recente:

"Nenhuma discriminação, no Brasil, supera aquela que se volta contra as pessoas apegadas às tradições de sua cultura religiosa [...]. Contra os católicos e os evangélicos, tudo é permitido: excluir suas doutrinas do universo intelectual respeitável; falar deles numa linguagem feita para humilhar e ferir seus sentimentos; achincalhar publicamente seu Deus, sua moral, seus profetas; fazer paródias grotescas de seus ritos, símbolos e preces; anatematizar o empenho proselitista que lhes foi ordenado pelo próprio Cristo; obrigá-los a aceitar, com presteza solícita, leis hostis a suas crenças; subestimar como detalhe irrelevante o massacre de milhões deles nos países comunistas; depreciar seus gestos de generosidade e autossacrifício mediante explicações pejorativas e atribuição maliciosa de intenções; esmagá-los no torniquete das cobranças contraditórias, acusando a sua Igreja de repressiva quando pune as condutas imorais, e de corrupta quando as tolera.

Quem move esses ataques não são indivíduos isolados ou grupos clandestinos: é o *establishment*, é a mídia chique, são os professores nas cátedras, são os artistas nos palcos e nas telas, diante dos olhos do mundo, com a aprovação risonha das autoridades e dos bem-pensantes. [...] E, se querem estatísticas, digam: qual a porcentagem de cristãos tradicionais na população brasileira e nas cátedras das universidades? [...] Nos cargos de chefia da mídia? Façam essas contas e saberão o que quer dizer exclusão.[35]

Será conveniente, porém, fazer uma precisão: sociedade laica não é o mesmo que Estado democrático ou Estado aconfessional. Não se trata de propugnar a volta ao Estado confessional católico, solução hoje superada pela História; o laicismo é uma questão de mentalidade, não de estruturas políticas.

SECULARISMO

Mas há uma resistência a Cristo que é pior do que a que nasce da situação social descristianizada: é a que provém de cristãos que perderam de vista os horizontes da sua fé. O que o laicismo representa para a sociedade civil, o *secularismo* representa-o no interior da Igreja.

"Um novo perigo assalta a Igreja; é o perigo de um cristianismo que, à força de sublinhar a sua inserção no temporal e ao serviço do mundo, corre o risco de secularizar-se a ponto de trair a sua origem e a sua essência religiosa. Esta ameaça de deslizamento do cristianismo para o que se poderia chamar 'secularização da Boa Nova de Cristo' não é ilusória".[36]

Ontem, era a teologia da libertação que pretendia aplicar os critérios marxistas de "opressores e oprimidos" e da "luta de classes" ao cristianismo, reduzindo assim a mensagem de Cristo a uma mera questão de economia e de partidarismo político e arrastando pela lama um dos seus principais preceitos, aquele que manda amar todos os homens como a nós mesmos, até os que se consideram nossos inimigos. Ainda hoje, há os que fazem bloco com os órfãos do marxismo, aplicando conceitos que falsificam a compreensão do verdadeiro rosto da Igreja: usam oposições artificiais como "progressistas x tradicionalistas", que soam como se quisessem dividir a Igreja em "caubóis x pele-vermelhas"; falam de "centro" (Roma) x "periferia" (terceiro mundo); promovem movimentos reivindicatórios que, se têm finalidades excelentes e justas, não hesitam em lançar mão de meios duvidosos...

Noutra vertente, aliados aos "formadores de opinião" descrentes, não faltam hoje clérigos que clamam pela "modernização" da Igreja que, para atingir o "homem moderno", deveria mimetizar-se com a sociedade civil em todos os campos: formas de governo democráticas (será que esses senhores pretendem seriamente ver "candidatos a Papa" lançados em campanha eleitoral, com todos os fenômenos mais ou menos ridículos que acompanham essas campanhas em todos os países onde reina a democracia pelas urnas?), sacerdócio feminino, recasamento dos divorciados, aceitação dos métodos de controle de natalidade contrários à natureza, supressão de temas incômodos como "oração", "mortificação", "luta interior", "confissão" (substituída por inócuas liturgias penitenciais comunitárias)...

Numa carta aberta a um conhecido teólogo desses "de vanguarda", o jornalista italiano Vittorio Messori diz: "Lendo os seus escritos

— há pelo menos quinze anos sempre iguais, mas com um índice de agressividade que às vezes se converte em insulto —, tem-se realmente a impressão de que o senhor pretende atribuir a si próprio esse carisma de infalibilidade que nega àquele e àqueles a quem Cristo garantiu a assistência do Espírito Santo".[37] Um diagnóstico doloroso, mas infelizmente muito verdadeiro.

Embora com menos consequências, também vamos encontrar essa atitude em muitos leigos a quem parece faltar um mínimo de conhecimento próprio, e que — do alto da sua ignorância — se consideram no direito de achincalhar a História da Igreja, desfigurar os seus dogmas e desacreditar as diretrizes de conduta propostas pelo Magistério sem se sentirem minimamente obrigados a averiguar a profundidade das verdades que proclama. Com um dogmatismo digno do "Grão-Inquisidor" de Dostoiévski, instalam-se na cátedra de juízes da verdade e do erro, do bem e do mal, sem perceber que muitas vezes estão apenas cegados pelas suas paixões ou imbuídos de lugares-comuns que provêm dos inimigos da Igreja. Fazem as vezes de meros "repetidores do erro", e nessa medida de autênticos, embora muitas vezes inconscientes, seguidores do Anticristo.

O orgulho e a hipocrisia religiosa — que é, senão um hipócrita, aquele que se vale do prestígio que a Igreja lhe confere para atacar essa mesma Igreja — são a negação da própria religião. O temor de cair em algum desses pecados deveria estar presente em todos os que trabalham pelo Senhor, não lhes suceda que, querendo ajudar Cristo, façam o jogo do Anticristo.

RELATIVISMO

Por fim, fruto tanto da mentalidade laicista como da confusão que alguns semeiam dentro da Igreja, é o *relativismo,* hoje arraigado em muitas consciências. Formalmente, trata-se da atitude mental de quem considera que há "múltiplas verdades" equivalentes entre si; cada qual teria a "sua verdade" pessoal.

Acontece que essa atitude é tão contrária à lógica, impossibilita de tal forma qualquer tentativa de raciocinar que, na prática, ninguém a leva a sério na vida real e em tudo aquilo que verdadeiramente lhe interessa. Via de regra, as pessoas limitam-se apenas a repeti-la como um chavão que lhes poupa o esforço de pensar por conta própria. Em suma, equivale a uma atitude de *indiferença preguiçosa* perante a verdade: o que interessa é satisfazer as necessidades fisiológicas; tudo o mais é balela.

Um corolário desse princípio é que "todas as Igrejas e até todas as religiões seriam verdadeiras", afirmação que não resiste nem mesmo à mais elementar lógica humana, uma vez que, se elas se distinguem, é justamente pelo fato de ensinarem coisas contraditórias e incompatíveis entre si acerca de Deus, da vida após a morte etc. Mas é evidente que por trás dessa afirmação, tão insistentemente propalada, está o empenho por reduzir Cristo ao nível de um sábio humano, se não de um desses fundadores de seitas algo descentrados que aparecem de vez em quando.

Ora, o cristão sabe que o seu conhecimento da verdade é sempre limitado; como dizia um simples vaqueiro em *Tutameia*, de João Guimarães Rosa: "O que a gente sabe da vida, doutor?

O que a ostra do mar e do rochedo". Sabemos pouco; mas aquilo que sabemos porque a Sabedoria divina se dignou revelar-nos, isso tem a firmeza da rocha, ao contrário das teorias científicas sempre cambiantes e sujeitas às modas intelectuais do tempo.

Mas, principalmente, o cristão sabe que a verdade não é um conjunto de enunciados frios e secos que é preciso decorar, mas uma Pessoa que se pode amar: o Verbo de Deus, Jesus Cristo. *Eu sou o Caminho, a Verdade e a Vida* (Jo 14, 6). E sabe por isso que essa Verdade se encontra por assim dizer "encarnada" naquela instituição que o Mestre dos homens fundou para que continuasse a sua missão e fosse Mestra da humanidade ao longo dos séculos: a Igreja.

Na recente declaração *Dominus Iesus,* a Congregação para a Doutrina da Fé veio recordá-lo expressamente: "O Senhor Jesus, único Salvador, não formou uma simples comunidade de discípulos, mas constituiu a Igreja como mistério salvífico: Ele mesmo está na Igreja e a Igreja n'Ele. [...] E, assim como a cabeça e os membros de um corpo vivo, embora não se identifiquem, sãoinseparáveis, Cristo e a Igreja não podem confundir-se nem mesmo separar-se, constituindo ao invés um único 'Cristo total'. [Em consequência,] 'esta é a única Igreja de Cristo [...] que o nosso Salvador, depois da sua ressurreição, confiou a Pedro para apascentar (cf. Jo 21, 17), encarregando-o a Ele e aos demais Apóstolos de a difundirem e de a governarem (cf. Mt 28, 18ss.), levantando-a para sempre como *coluna e esteio da verdade* (cf. 1 Tm 3, 15). Esta Igreja, como sociedade constituída e organizada neste mundo, subsiste na Igreja Católica, governada pelo Sucessor de Pedro e pelos Bispos em comunhão com ele' (Conc. Vaticano II, Const. dogm. *Lumen gentium*, n. 8)".[38]

O tumulto causado por essas palavras serenas e firmes mostra até que ponto o relativismo religioso tomou conta da chamada opinião pública. Anunciou-se que essa declaração destruía todos os avanços havidos no diálogo da Igreja Católica com as outras Igrejas cristãs e as outras religiões, como se o diálogo devesse conduzir a dissolver todas as diferenças numa espécie de sopa comum. Ora, é evidente por si mesmo que, se Cristo é Deus, e os outros fundadores de religiões (segundo as suas próprias declarações) não, não se pode pôr a mensagem de Cristo no mesmo plano que as manifestações de mera sabedoria humana — por vezes grande e nobre, mas apenas humana. E se a Igreja Católica é a Igreja fundada por Cristo e unida a Ele, como equipará-la às comunidades eclesiais que romperam a união com ela?

O relativismo mostra-se um autêntico ardil do *pai da mentira*, como já tivemos ocasião de ver tantos ao longo destas páginas. Apresenta-se como uma solução para os conflitos religiosos que dividem a humanidade, na medida em que promete eliminar todas as diferenças, mas na verdade destrói os fundamentos de toda a religiosidade: se todas as religiões são igualmente verdadeiras, segue-se em boa lógica que todas são igualmente falsas, e a conclusão a que se chega é que não vale a pena seguir nenhuma.

Na recente carta apostólica sobre o *Novo milênio que começa*, João Paulo II desfazia esses enganos e repunha a questão nos seus verdadeiros fundamentos: "O diálogo não pode ser fundado sobre o indiferentismo religioso, e nós, cristãos, temos a obrigação de realizá-lo dando testemunho completo da esperança que há em nós (cf. 1 Pd 3, 15). Não devemos ter medo de que possa constituir ofensa à identidade de outros aquilo que é, muito pelo contrário, o *anúncio jubiloso de um dom,* que se destina a todos e, por conseguinte, há de ser proposto a todos com o maior respeito da liberdade de cada um: o dom da revelação do Deus-Amor, que *de tal modo amou o mundo que lhe deu o seu Filho único* (Jo 3, 16). Nada disto, como ainda recentemente foi sublinhado pela declaração *Dominus Iesus,* pode ser objeto de uma espécie de negociação dialogada, como se se tratasse de uma simples opinião. Para nós, ao contrário, é graça que nos enche de alegria, é notícia que temos o dever de anunciar".[39]

NO LIMIAR DO TERCEIRO MILÊNIO

POR QUÊ?

Perseguições abertas ou veladas, uma multidão de mártires, heresias e cismas, apostasias que por vezes assumem proporções de uma autêntica hemorragia: não é fácil encarar como providência de Deus todas as contradições que se têm abatido sobre a Igreja ao longo dos séculos. Agora que terminamos o exame da figura do Anticristo na História e na atualidade, é chegado o momento de nos perguntarmos *por quê:* por que o Senhor, na sua vontade salvífica, permite uma oposição tão eficaz e continuada?

Quando formulamos esta pergunta, logo temos a impressão de "ouvir" o silêncio de Cristo diante dos seus acusadores, Cristo vítima inocente da vileza daqueles homens, da sua mentira, da sua vingança. *Jesus calava-se e não lhes respondia palavra* (Mc 14, 61).

Visto na perspectiva da sua Paixão, já iminente, o silêncio de Jesus apresenta-se como a resposta mais sábia, tanto mais quando iluminada pelo seu pensamento: *Pai, perdoa-lhes, porque não sabem o que fazem* (Lc 23, 34). É misterioso esse silêncio diante da debandada, da rebelião ou da burla, como é misteriosa toda a Paixão, toda a Redenção através do sacrifício do Filho de Deus encarnado.

São Paulo lança aqui uma luz definitiva: *Agora me alegro nos meus padecimentos por vós, e supro na minha carne o que falta às tribulações de Cristo por seu corpo, que é a Igreja* (Cl 1, 24). Mas será que pode faltar algo aos padecimentos de Cristo? Não e sim. O seu sacrifício é único e sobreabundante, mas o Senhor continua a viver e a redimir ao longo da História, feito uma só coisa com os seus: é o corpo místico de Cristo, Cabeça e membros, é o que Santo Agostinho chamava o *Christus tatus.* E o mistério da Redenção — pela perseguição, pelo sofrimento, pela Cruz e pelo martírio — continua.

Vale a pena determo-nos a contemplar um desenho comovente mas pouco conhecido de Odilon Redon. É de 1887 e encontra-se hoje em Nova York. O Filho de Deus tem o rosto de um adolescente. As pupilas dilatadas irradiam compaixão e bondade, mas também uma espécie de admiração sob a jovem fronte cingida pela coroa de espinhos. Rara beleza e intensa comunicação, como somente a grande arte pode proporcionar. Cristo jovem está atento e sofre. Jesus aguarda, nesta luta contra o mal. Sim, não há dúvida de que concede sempre novas forças aos cristãos para reordenarem para Deus as realidades temporais,[40] mas trata-se de uma missão fundada sobre a Cruz. Cristo é sempre *Christus patiens* — Cristo sofredor que redime.

Mas por que tem de ser assim?

Só o compreenderemos até o fim na outra vida. Enquanto isso, Jesus nos pede que assimilemos a sua lógica divina: que tomemos a Cruz e o sigamos. Há um comentário de São João Crisóstomo à inquietante afirmação de Cristo: *Ide, eis que vos envio como cordeiros entre lobos* (Lc 10, 3) que vale a pena citarmos aqui:

"Enquanto formos cordeiros, venceremos e, mesmo que estejamos cerca-dos de incontáveis lobos, conseguiremos superá-los. Mas se nos tornarmos lobos seremos derrotados, porque estaremos privados da ajuda do pastor. Ele não apascenta lobos, mas cordeiros. Por isso se afastará de ti e te deixará só, porque o impediste de manifestar o seu poder [...]. É como se Cristo tivesse dito: 'Não vos perturbeis pelo fato de que, mandando-vos entre os lobos, eu vos ordene que sejais como cordeiros e pombas. Teria podido dizer-vos o contrário e poupar-vos todos os sofrimentos, impedir-vos de serdes expostos como cordeiros aos lobos e tomar-vos fortes como os leões. Mas é necessário que suceda assim, porque a fraqueza vos torna mais gloriosos e manifesta o meu poder".[41]

Cristo manifesta esta realidade singular em outras passagens: *Não penseis que vim trazer a paz à terra; não vim trazer a paz, mas a espada* (Mt 10, 34); ou: *Então sereis entregues aos tormentos e matar-vos-ão, e sereis odiados por todos os povos por causa do meu nome* (Mt 24, 9). O Senhor promete uma paz que o mundo não pode dar, promete dar cem por um neste mundo e a vida eterna, mas *com perseguições* (cf. Mc 10, 30). Ou seja, anuncia que o Anticristo sempre atuará ao mesmo tempo que a ação santificadora da graça; e mais ainda, que o mal causado pelos anticristos de todos os tempos será a oportunidade para a santificação de muitos cristãos.

"Meu inimigo fundou-me, como Deus fundou o mundo", diz um autor que não era cristão, mas estava muito próximo da conversão ao escrever essas palavras, pouco antes de morrer: Antoine de Saint-Éxupéry. O inimigo é necessário porque nos obriga a superar-nos: extrai de nós o que temos de melhor, até limites de que nós mesmos não nos julgávamos capazes.

Precisamos dele — do Anticristo —" para conseguirmos chegar a ser esse "outro Cristo" que Deus quer esculpir em nós, mas que só se revelará em plenitude na vida eterna. Por isso São Paulo dizia: *Gloriamo-nos até nas tribulações, sabedores de que a tribulação produz a paciência; a paciência, a virtude provada; e a virtude provada, a esperança* (Rm 5, 3), e ainda: *Pela momentânea e leve tribulação, Ele nos prepara um peso eterno de glória incalculável* (2 Cor 4, 17).

Assim são as coisas no plano divino. O cristão sonha, naturalmente, com que a Boa Nova chegue a todos e que todos vivam a vida da graça; mas também sabe perfeitamente que isso não poderá ser conquistado sem obstáculos, que nunca se instaurará neste mundo uma mítica "sociedade redimida" livre de toda a rebelião contra Deus, ou seja, sem o pecado.

"EU VENCI O MUNDO"

Ajudar-nos-á muito recordar, neste combate que ultrapassa de longe as forças de cada um de nós, que Cristo nunca perde batalhas: *No mundo tereis tribulações; mas confiai, Eu venci o mundo* (Jo 16, 33), declarava o Senhor às vésperas da sua aparente derrota na Cruz. E a sua promessa estende-se à Igreja que fundou: *As portas do inferno não prevalecerão contra ela* (Mt 16, 18). De todas as perseguições a Igreja saiu purificada e engrandecida, de todas as falsidades ela triunfou. Enquanto os anticristos ruíam por si mesmos ao longo destes vinte séculos, a Igreja lhes sobrevivia. Porque, se os homens morrem, a Igreja, tal como o seu Fundador e Cabeça, ressuscita incessantemente.

Georges Chevrot, na sua obra *Simão Pedro,* tem umas palavras que merecem reproduzir-se aqui: "Já em tempos de Santo Agostinho os inimigos da Igreja declaravam: 'A Igreja vai morrer, os cristãos tiveram a sua época'. Ao que o bispo de Hipona respondia: 'No entanto, são eles que morrem todos os dias e a Igreja continua de pé, anunciando o poder de Deus às gerações que se sucedem'. 'Vinte anos mais — dizia Voltaire —, e a Igreja Católica terá acabado...' Vinte anos depois, Voltaire morria e a Igreja Católica continuava a viver. [...]

"Assim, desde Celso, no século III, não houve uma única geração em que os coveiros não se preparassem para sepultar a Igreja; e a Igreja vive. Montalembert dizia-o magnificamente, em 1845, na Câmara dos Pares: 'Apesar de todos os que a caluniam, subjugam ou atraiçoam, a Igreja Católica tem há dezoito séculos uma vitória e uma vingança asseguradas: a sua vingança é orar por eles; a sua vitória, sobreviver-lhes'".[42]

Mesmo o doloroso espetáculo dos mártires não deve desanimar-nos, antes o seu exemplo deve servir-nos de estímulo e orientação. Martírio significa "testemunho", e, na verdade, trata-se do máximo testemunho da fé; e por isso o Senhor associou a ele as mais sentidas promessas de glorificação e fecundidade. Referindo-se aos mártires deste século que acaba de passar, João Paulo II dizia:

"A Igreja encontrou sempre, nos seus mártires, uma semente de vida. *Sanguis martyrum, semen christianorum* (Tertuliano, *Apologeticum* 50, 13: PL 1, 534): esta célebre 'lei' enunciada por Tertuliano, sujeita à prova da História, sempre se mostrou verdadeira. Por que não haveria de sê-lo também no século e milênio que começamos? Talvez estivéssemos um pouco habituados a ver os mártires de longe, como se se tratasse de uma categoria do passado associada especialmente com os primeiros séculos da era cristã. A comemoração jubilar descerrou-nos um cenário surpreendente, mostrando o nosso tempo particularmente rico de testemunhas, que souberam, ora de um modo, ora de outro, viver o Evangelho em situações de hostilidade e perseguição, até darem muitas vezes a prova suprema do sangue. Neles, a palavra de Deus, semeada em terra boa, produziu o cêntuplo (cf. Mt 13, 8.23). Com o seu exemplo, indicaram-nos e de certo modo aplainaram-nos a estrada do futuro. A nós, resta-nos apenas seguir, com a graça de Deus, as suas pegadas".[43]

Mas o martírio que Deus pede à imensa maioria dos cristãos não é o cruento, e sim o cotidiano. O seguimento de Cristo na Paixão, muito provavelmente, não se traduzirá para nós em derramamento de sangue, mas em suportar com firmeza e alegria pequenas perseguições por causa da nossa fé: a perda de um emprego pela firmeza em não compactuar com negócios ou combinações escusas, a hostilidade de algum professor ou colega de escritório, zombarias no ambiente de trabalho... São alfinetadas pequenas, mas às vezes contínuas e por isso mesmo dolorosas. O que nos cabe, nesses casos, é dar exemplo do mesmo espírito que animou essas testemunhas da fé: não nos acovardarmos de confessar a nossa fé, em público se for o caso, mesmo que isso possa vir a nos prejudicar; manter erguida a nossa cabeça nos pequenos sofrimentos que passemos por Cristo; e perdoar, perdoar sempre àqueles que os tenham causado.

A REEVANGELIZAÇÃO

A onda secularizante e laicista é sem dúvida o pior obstáculo que a Igreja terá de enfrentar nos próximos anos. Mas, longe de se encerrar numa lamentação estéril, o Papa João Paulo II vem fazendo um urgente convite a empreender a reevangelização das sociedades descristianizadas, apoiado na firme convicção de que

"Cristo é sempre jovem" e de que o Evangelho não é coisa do passado, mas pode e deve vivificar também a cultura contemporânea, como tantas vezes ocorreu na História. Corresponde hoje aos cristãos edificar essa *barreira contra o homem da iniquidade*, feita ao mesmo tempo de doutrina firme e de vida santa, que necessariamente irritará os inimigos de Cristo, mas que sustentará tantos outros na fé.

Assim se exprime o Papa: "Contra o espírito deste mundo, a Igreja recomeça todos os dias uma luta que não é nada mais nada menos que a *luta pela alma deste mundo*. Se, com efeito, por um lado se acham nele presentes o Evangelho e a Evangelização, do outro lado existe uma poderosa contra-evangelização, que dispõe de meios e de programas e se contrapõe com muito vigor ao Evangelho e à obra da evangelização. A luta pela alma do mundo contemporâneo é maior onde o espírito deste mundo parece mais poderoso. Neste sentido, a *Redemptoris missio* fala de 'modernos areópagos' [...]. Esses areópagos são hoje o mundo da ciência, da cultura, dos meios de comunicação; são os lugares onde se criam as elites intelectuais, os ambientes dos escritores e dos artistas".[44]

O primeiro passo é a firme decisão de buscar essa santidade pessoal que Cristo pede aos seus discípulos. Como poderíamos combater por Cristo se não nos santificássemos no próprio combate? São Paulo urge-nos a enfrentar a luta contra o Anticristo com a armadura de Deus: *Cingidos os vossos rins com a verdade, revestida a couraça da justiça, e calçados os pés, prontos para anunciar o evangelho da paz. Sobraçai a todo o momento o escudo da fé, com que possais inutilizar os dardos inflamados do maligno. Tornai o elmo da salvação e a espada do Espírito, que é a palavra de Deus* (Ef 6, 14-17).

Na carta apostólica sobre o *Novo milênio que começa*, João Paulo II traça todo um programa para essa nova evangelização, fazendo especial finca-pé na responsabilidade que cabe aos cristãos leigos, situados bem na linha de frente dessa alegre batalha de paz e de amor. Vale a pena fazermos nosso esse programa:

"Deixou de existir, mesmo nos países de antiga evangelização, a situação de 'sociedade cristã' que, não obstante as muitas fraquezas que sempre caracterizam tudo o que é humano, tinha explicitamente como ponto de referência os valores evangélicos. Hoje tem-se de enfrentar com coragem uma situação que vai se tornando cada vez mais variada e difícil com a progressiva mistura de povos e culturas que caracteriza o novo contexto da globalização. Ao longo destes anos, muitas vezes repeti o apelo à *nova evangelização*; e faço-o agora uma vez mais para inculcar sobretudo que é preciso reacender em nós o zelo das origens, deixando-nos invadir pelo ardor da pregação apostólica que se seguiu ao Pentecostes. Devemos reviver em nós o sentimento ardente de Paulo que o levava a exclamar: *Ai de mim se não evangelizar!* (1 Cor 9, 16).

"Esta paixão não deixará de suscitar na Igreja uma nova missionariedade, que não poderá ser delegada a um grupo de 'especialistas', mas deverá corresponsabilizar todos os membros do povo de Deus. Quem verdadeiramente encontrou Cristo, não pode guardá-lo para si; tem de anunciá-lo. [...] Cristo há de ser proposto a todos com confiança. A proposta seja feita aos adultos, às famílias, aos jovens, às crianças, sem nunca esconder as exigências mais radicais da mensagem evangélica, mas adaptando-a, quanto à sensibilidade e à linguagem, à situação de cada um, segundo o exemplo de Paulo, que afirmava: *Fiz-me tudo para todos, para salvar alguns a todo o custo* (1 Cor 9, 22). [...]

"Para a eficácia do testemunho cristão, [...] é importante fazer um grande esforço para explicar adequadamente os motivos da posição da Igreja, sublinhando sobretudo que não se trata de impor aos não crentes uma perspectiva de fé, mas de interpretar e defender valores radicados na própria natureza do ser humano. [...] Tudo isto há de ser naturalmente realizado com um estilo especificamente cristão: compete sobretudo *aos leigos*, no cumprimento da vocação que lhes é própria, fazerem-se presentes nestas tarefas [...].

"Começa um novo século e um novo milênio sob a luz de Cristo. Nem todos, porém, veem esta luz. A nós cabe a tarefa maravilhosa e exigente de ser o seu 'reflexo'".[45]

E concluía, propondo como lema as palavras que Cristo dirigiu a Pedro, depois de ter falado às multidões a partir da sua barca, convidando-o a empreender generosamente as fainas da pesca: *Duc in altum* (Lc 5, 4) — "Mar adentro!" Sabemos como Pedro e os primeiros discípulos, confiando na palavra de Cristo, lançaram as redes *e apanharam uma grande quantidade de peixes* (Lc 5, 6).

"*Duc in altum!* Estas palavras ressoam hoje aos nossos ouvidos, convidando-nos a recordar com gratidão o passado, a viver com paixão o presente, a abrir-nos com confiança ao futuro: *Jesus Cristo é o mesmo, ontem, hoje e sempre* (Hb 13, 8)".[46]

NOTAS

(1) *Doutrina dos Doze Apóstolos*, 16, 3-8; (2) Santo Hipólito, *O Anticristo*, 6; (3) cf. Bíblia de Navarra, in loc.; (4) cf. Tomás de Aquino, *Super epistolas Sancti Pauli lectura*, in 1 Tm 4, 1-2; (5) Tomás de Aquino, *Super evangelium Sancti Matthaei lectura*, in loc.; (6) João Paulo II, Catequese, 22/04/1998; (7) Santo Agostinho, *Comentário à primeira Epístola de São João* 3, 4-5; (8) Josef Pieper, *Virtudes Fundamentales*, Rialp, Madri, 1976; (9) Catecismo, n. 760; cf. Hermas, *Visionis pastoris*, 2, 4, I; Aristides, *Apologeticum*, 16, 6; Justino, *Apologeticum*, 2, 7; (10) At 4, 1-21; 5, 17-42; 6, 8-7, 60; 9, 1-2; 12, 1-4; (11) Daniel-Rops, *A Igreja dos Apóstolos e dos mártires*, Quadrante, São Paulo, 1988, p. 154; (12) Reynald Secher, *Le génocide franco-français*. La Vendée-Vengée, Paris, 1986, pp. 24.13; (13) Apud K. Repgen, *Katholizismus und Nazionalsozialismus*, Colônia, 1983, pp. 13ss; (14) "Commemoration for the 20th-Century Martyrs", CNNews.com, 07/05/2000; (15) cf. D.

Estêvão Bettencourt, "Os mártires do século XX", em *Pergunte e responderemos*, Rio de Janeiro, maio de 2000, n. 456; (16) Hans Maier, *Revolution und Kirche. Zur Frühgeschichte der christlichen Demokratie*, Munique, 1973, p. 77; (17) Jules Michelet, *Histoire de la Révolution Française*, Paris, 1847, t. I, p. VIII; (18) Giuseppe Mazzini, "Pensamentos sobre a Revolução Francesa de 1789", em *Scritti editi ed inediti*, t. II, Milão, 1861-71, p. 191; (19) apud K. Repgen, op. cit., p. 10; (20) apud J. Neuhäusler, *Kreuz und Hakenkreuz*, Colônia, 1946, p. 255; (21) W. I. Lenin, *Gesammelte Werke*, t. XV, pp. 404ss; (22) Richard Wurmbrand, *Mio caro diavolo*, Ed. San Paolo, Roma, 1979; (23) Marx / Engels, *Werke*, Berlim-Este, 1967-74, t. XXI, p. 272; (24) Marx / Engels, *Epigramas sobre Hegel*, em *Werke*, t. suplementar, I, p. 607; (25) Marx / Engels, *Werke*, t. suplementar, I, p. 262; (26) Friedrich Hölderlin, *Hyperion*, I, 1; (27) Joseph Ratzinger, *Informe sobre a fé*, Herder, São Paulo, 1985, p. 92; (28) Dostoiévski, *Os irmãos Karamázov*, l. V, cap. 5; (29) Vittorio Messori e João Paulo II, *Cruzando o limiar da esperança*, 2a. ed., Francisco Alves, Rio de Janeiro, 1994, p. 132; (30) Theodor Fontane, em Wilhelm Lüdgert, *Die Religion des Deutschen ldealismus*, Gütersloh, 1926, t. III, p.

240; (31) J. D. Petrino, "Análisis bíblico-pastoral frente ai problema de las sectas", em *Cultures et foi*, n. 4, 1994; (32) Nietzsche, *Werke*, t. V, pp. 163ss.; (33) G. K. Chesterton, *Chaucer*; (34) São Pio X, E supremi apostolatus, 1903; (35) Olavo de Carvalho, "Mamar e sofrer"; (36) Dondeyne, *La foi écoute le monde*, p. 163; (37) Vittorio Messori, Carta aberta a Hans Küng, em *Los desafios del católico*, Planeta, Barcelona, 1997; (38) Congregação para a Doutrina da Fé, Declaração *Dominus Iesus*, 6.8.2000, n. 16; (39) João Paulo II, Carta apostólica *Novo millennio ineunte*, 06/01/2001, n. 56; (40) cf. Catecismo da Igreja Católica, n. 898; (41) São João Crisóstomo, *Homilias sobre o Evangelho de Mateus*, 33, 1-2; (42) Georges Chevrot, *Simão Pedro*, Quadrante, São Paulo, 1990, p. 72; (43) João Paulo II, Carta apostólica *Novo millennio ineunte*, n. 41; (44) Vittorio Messori e João Paulo II, *Cruzando o limiar da esperança,* 2a. ed., p. 116; (45) João Paulo II, Carta apostólica *Novo millennio ineunte*, ns. 40.51.52.54; (46) João Paulo II, Carta apostólica *Novo millennio ineunte*, n. 1.

ESTE LIVRO ACABOU DE SE IMPRIMIR
A 05 DE SETEMBRO DE 2025,
EM PAPEL PÓLEN BOLD 90 g/m^2.

1365